Price Monitoring Report, 2018

Price Monitoring Group People's Bank of Cl

U0693913

2018 年
价格监测分析报告

中国人民银行价格监测分析小组

中国金融出版社

责任编辑：吕　楠
责任校对：孙　蕊
责任印制：张也男

图书在版编目（CIP）数据

2018 年价格监测分析报告/中国人民银行价格监测分析小组 . —北京：中国金融出版社，2019.7

ISBN 978 - 7 - 5220 - 0166 - 1

Ⅰ.①2…　Ⅱ.①中…　Ⅲ.①价格—监测—研究报告—中国—2018　Ⅳ.①F726.7

中国版本图书馆 CIP 数据核字（2019）第 137250 号

2018 年价格监测分析报告

2018 Nian Jiage Jiance Fenxi Baogao

出版
发行　中国金融出版社

社址　北京市丰台区益泽路 2 号
市场开发部　（010）63266347，63805472，63439533（传真）
网 上 书 店　http：//www.chinafph.com
　　　　　　（010）63286832，63365686（传真）
读者服务部　（010）66070833，62568380
邮编　100071
经销　新华书店
印刷　北京市松源印刷有限公司
尺寸　185 毫米 ×260 毫米
印张　11
字数　212 千
版次　2019 年 7 月第 1 版
印次　2019 年 7 月第 1 次印刷
定价　45.00 元
ISBN 978 - 7 - 5220 - 0166 - 1
如出现印装错误本社负责调换　联系电话(010)63263947

2018 年价格监测分析小组

组　　　长：徐　忠

副　组　长：李　波　　孙国峰　　霍颖励　　纪志宏　　周学东

　　　　　　阮健弘　　朱　隽　　周逢民　　董龙训

报告总纂：徐　忠　　卜永祥　　周诚君

报告执笔：张怀清　　陈　俊　　马志扬　　高　宏　　赵　阳

　　　　　　徐瑞慧　　王兆旭　　王　冲　　韩庆潇

报告合作：中国人民银行济南分行

卷首语

　　2018年，全球经济复苏缓慢，中美贸易摩擦对全球经济及贸易的负面冲击逐渐显现。国内经济进入转变发展方式、优化经济结构、转换增长动力的攻关期。面对严峻的国际形势和国内艰巨的改革发展任务，我国按照高质量发展总要求，以深化供给侧结构性改革为主线，打好三大攻坚战，统筹推进稳增长、促改革、调结构、惠民生、防风险各项工作，我国经济在紧平衡中延续总体平稳、稳中有进的发展态势，经济结构持续改善，发展动能稳中提质，经济效益总体较好。2018年，国内生产总值增长6.6%，继续维持在合理区间。

　　2018年，居民消费价格涨势温和，工业生产者价格涨幅回落。居民消费价格（CPI）同比上涨2.1%，涨幅比上年提高0.5个百分点。其中，食品价格同比上涨1.8%，涨幅较上年上升3.2个百分点；非食品价格同比上涨2.2%，涨幅较上年回落0.1个百分点。工业生产者出厂价格（PPI）同比上涨3.5%，涨幅较上年回落2.8个百分点。其中，生产资料价格同比上涨4.6%，涨幅较上年回落3.7个百分点，生活资料价格同比上涨0.5%，涨幅较上年回落0.1个百分点。从价格波动特征看，CPI同比涨幅总体呈M形态势，受春节因素影响，1月CPI同比上涨1.5%，为年内低点，2月同比上涨2.9%，为年内高点，此后回落，5月后又开始回升，至9月、10月涨幅扩大至2.5%，为年内次高。排除春节因素影响，PPI同比涨幅总体呈先升后降态势，6月同比上涨4.7%，为年内高点，此后逐渐回落，至12月为0.9%。

　　导致价格走势变化的主要原因有以下几个方面。一是投资增速放缓后趋稳，消费增速相对平稳，出口增速下行，总需求稳中趋缓，推动价格上涨的动能不足。二是去产能及环保治理的影响边际减弱，对中上游工业品供给的影响弱化，企业有效产能恢复，部分工业品价格回落。三是国际原油等大宗商品价格在下半年大幅下跌，拉低了国内能源、化工等相关行业的商品价格。四是非洲猪瘟疫情影响了猪肉供给，天气因素影响鲜菜等农产品供给，食品价格波动较大。

展望 2019 年，CPI 将温和上涨，PPI 或将超预期下滑。在经济放缓态势下，总需求变化对价格影响较小，价格走势主要受结构性因素的影响。消费升级及人口结构变化仍推动服务价格平稳增长；受供给持续收缩的影响，猪肉价格处于上升通道，可能推动 2019 年 CPI 涨幅略有扩大。伴随环保治理的影响减弱，企业产能恢复，预计工业品供给相对增加；在投资需求增长乏力的情景下，中上游部分工业品价格或将小幅下滑，PPI 同比涨幅或将明显回落，工业品价格通货紧缩的可能性较高。

自 2004 年以来，中国人民银行价格监测分析小组持续跟踪价格形势，撰写并定期向货币政策委员会的季度例会提供《价格监测分析报告》，尽量全面地分析价格变动的内在逻辑和准确地把握未来价格变动趋势，为货币政策决策提供重要参考。本书即是 2018 年各季度《价格监测分析报告》的年度合集，还包括了 2018 年宏观经济形势与 2019 年经济展望，以及"房地产调控政策效果评估""不宜采取刺激某类商品需求的方式促进消费增长""去产能政策效果评估"等专题，有助于增强读者对价格及宏观经济形势变化的了解。由于时间和水平所限，书中疏漏之处在所难免，欢迎各位读者批评和指正，我们将积极采纳和努力完善！

目录

第一部分
2018 年第 1 季度价格监测分析

主要观点和结论

    2018 年 2 月 CPI 同比涨幅达到 2013 年 12 月以来的高点，环比涨幅持续扩大，但低于或持平于历史同期平均水平。食品价格涨幅于 2 月实现由负转正，非食品价格涨幅继续温和运行。PPI 同比涨幅继续下降，环比涨幅走低并于 2 月转成小幅为负。国际油价有所回调，大宗商品价格多数有所走低，部分农产品价格上涨较为明显。主要城市新建商品住宅价格走势相对平稳，股票价格急跌后有所反弹，债券价格小幅回升。

    近期总需求缓中趋稳，有助于价格水平总体平稳。上游工业品供需调整引致 PPI 涨幅收窄，国际原油价格近期震荡支撑了相关工业品价格上涨，但涨幅收窄。低温天气以及春节因素使得食品价格总体上涨，是推动 2 月 CPI 同比涨幅创新高的主要因素；消费升级、人工成本及价格改革等因素影响服务价格温和上涨，对非食品价格上涨提供了支撑。

    预计总需求仍将维持相对稳定态势，供给端的冲击可能趋于减弱，供需趋于平衡有助于价格平稳运行。预计猪肉价格全年在低位震荡，降幅有所收窄，食品价格回升推动 CPI 温和上行，但程度有限；非食品价格温和上涨的态势仍将维持，对价格走势形成支撑。以原油为代表的国际大宗商品价格上涨的空间有限，钢铁、煤炭等上游工业品价格增长动力不足，PPI 同比涨幅将稳步回落。预计 2018 年全年 CPI 上涨约 2.3%，PPI 上涨约 3%。

（本部分完成于 2018 年 4 月 11 日）

一、价格形势

2018 年 2 月 CPI 同比涨幅达到 2013 年 12 月以来的高点，环比涨幅持续扩大，但低于或持平于历史同期平均水平。食品价格涨幅于 2 月实现由负转正，非食品价格涨幅继续温和运行。PPI 同比涨幅继续下降，环比涨幅走低并于 2 月转成小幅为负。国际油价有所回调，大宗商品价格多数有所走低，部分农产品价格上涨较为明显。主要城市新建商品住宅价格走势相对平稳，股票价格急跌后有所反弹，债券价格小幅回升。

（一）价格涨势总体温和

1. 居民消费价格涨幅总体趋于扩大

CPI 同比涨幅有所扩大。2 月，CPI 同比上涨 2.9%，涨幅比上个月扩大 1.4 个百分点，总体仍在延续自 2017 年 2 月以来的波动上行走势。其中，2 月剔除食品和能源的核心 CPI 同比上涨 2.5%，涨幅比上个月扩大 0.6 个百分点，达到近年来的高点。1—2 月，CPI 累计同比上涨 2.2%，涨幅比上年同期高 0.5 个百分点，比上年全年高 0.6 个百分点。

食品价格由降转升。2 月，食品价格同比上涨 4.4%，结束了始于 2017 年 2 月的下降走势。从食品分类看，畜肉类价格同比下降 3.1%，降幅较上个月缩小 2.8 个百分点。其中，猪肉价格同比下降 7.3%，降幅比上个月收窄 3.3 个百分点。鲜菜价格同比上涨 17.7%，上个月为同比下跌 5.8%。鲜果价格同比上涨 8.7%，涨幅比上个月扩大 2.3 个百分点。蛋价格同比上涨 22.5%，涨幅较上个月提高 8.3 个百分点。粮食、食用油、奶等其他食品价格走势相对平稳。

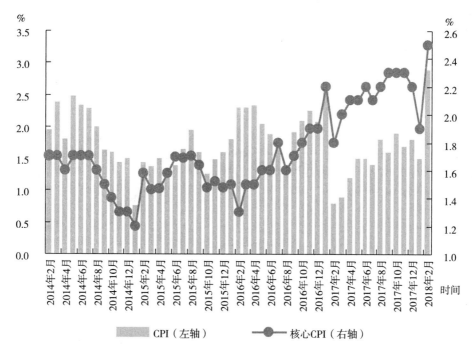

数据来源：国家统计局。

图 1－1 CPI 同比上涨情况

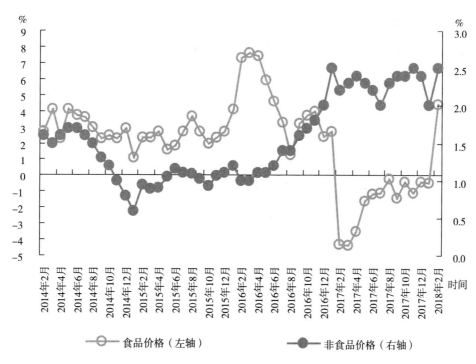

数据来源：国家统计局。

图 1－2 食品价格和非食品价格同比上涨情况

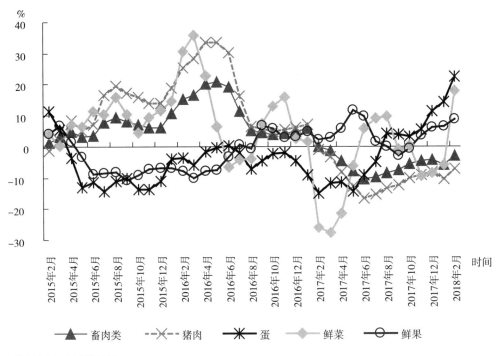

数据来源：国家统计局。

图 1-3 部分食品价格变化情况

非食品价格涨幅略有扩大。 2 月，非食品价格同比上涨 2.5%，涨幅比上个月高 0.5 个百分点，延续了 2016 年 12 月以来持续在 2.0% 以上（含）运行的状况。从非食品分类看，生活用品及服务、交通和通信、教育文化和娱乐、其他用品和服务价格涨幅有所扩大，2 月分别同比上涨 1.8%、1.5%、3.7%、1.7%，较上个月分别扩大 0.3 个、1.3 个、2.8 个、0.5 个百分点。衣着、居住、医疗保健价格涨幅有所回落，2 月分别同比上涨 1.1%、2.2%、6.0%，较上个月分别回落 0.3 个、0.5 个、0.2 个百分点。

翘尾因素基本稳定，新涨价因素明显扩大。 2 月，翘尾因素为 1.1%，较上个月高 0.2 个百分点；新涨价因素为 1.8%，较上个月高 1.2 个百分点。从对 CPI 同比涨幅的贡献度看，2 月，翘尾因素的贡献度为 37.9%，较上个月下降 22.1 个百分点，新涨价因素的贡献度为 62.1%，相应地较上个月提高 22.1 个百分点。

CPI 环比涨幅持续扩大，但低于或持平于历史同期平均水平。 2 月，CPI 环比上涨 1.2%，涨幅比上个月扩大 0.6 个百分点，自 2017 年 12 月以来已连续 3 个月扩大。虽然 CPI 环比涨幅持续扩大，但仍延续了自 2017 年 8 月以来一直低于或持平于历史同期平均水平的走势。

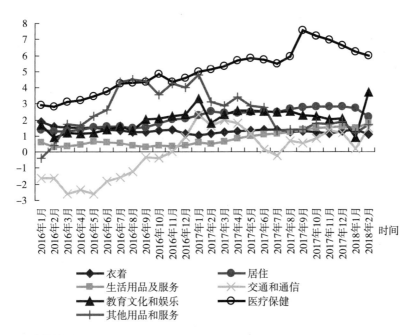

数据来源：国家统计局。

图 1-4　主要非食品价格变化情况

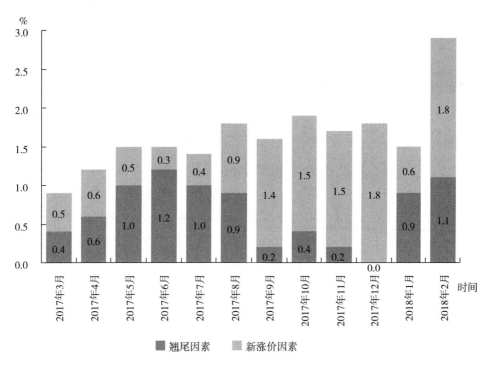

数据来源：国家统计局。

图 1-5　翘尾因素和新涨价因素

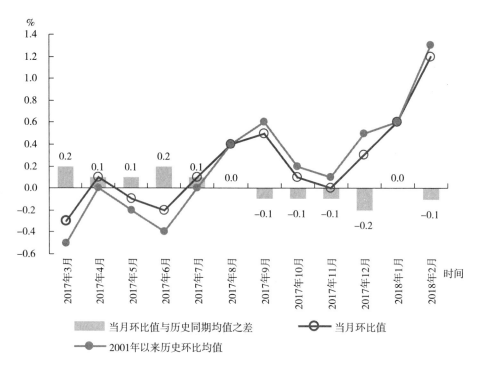

注：2018 年 1 月、2 月对应的历史同期环比均值分别为春节前一个月和春节所在月份均值。

数据来源：国家统计局。

图 1 - 6　CPI 环比与历史均值比较

2. 工业生产者价格涨幅继续回落

2 月，PPI 同比上涨 3.7%，涨幅比上个月回落 0.6 个百分点，为 2017 年 11 月以来连续 4 个月出现回落。其中，生产资料价格同比上涨 4.8%，涨幅比上个月回落 0.9 个百分点；生活资料价格同比上涨 0.3%，涨幅与上个月持平。PPI 环比由上个月上涨 0.3% 转为下跌 0.1%，结束了此前连续 7 个月的环比上涨走势。在翘尾因素回落的同时，PPI 环比涨幅由正转负，引起新涨价因素有所下降。2 月，翘尾因素约为 3.5%，比上个月回落 0.5 个百分点；新涨价因素约为 0.2%，比上个月低 0.1 个百分点。1—2 月合计，PPI 累计同比上涨 4%，涨幅比上年同期低 3.3 个百分点，比上年全年低 2.3 个百分点。

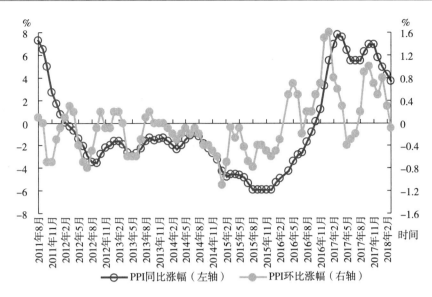

数据来源：国家统计局。

图 1-7 工业生产者出厂价格走势

3. 企业商品价格涨幅延续下降态势

2018 年 2 月，中国人民银行监测的企业商品价格（CGPI）同比上涨 3.4%，涨幅比上个月回落 0.5 个百分点，延续此前涨幅回落态势。其中，农产品价格上涨 0.8%，结束了始于 2017 年 3 月的同比下跌走势；矿产品价格上涨 3.9%，涨幅比上个月下降 1.7 个百分点；煤油电价格上涨 4.9%，涨幅比上个月扩大 0.1 个百分点。

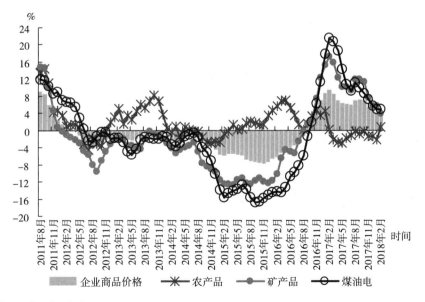

数据来源：中国人民银行。

图 1-8 企业商品价格走势

4. 出口价格和进口价格涨幅有所趋稳

进口价格和出口价格涨幅先后分别于 2017 年 2 月和 4 月达到高点，之后总体呈回落态势，自 2017 年 12 月以来有所趋稳。2018 年 1 月，出口价格同比上涨 0.5%，涨幅较上个月回升 0.1 个百分点；进口价格同比上涨 5.1%，涨幅较上个月回升 0.1 个百分点。

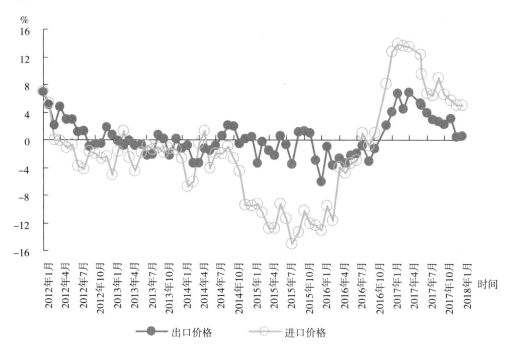

数据来源：海关总署。

图 1-9　进出口价格走势

（二）国际大宗商品价格涨跌互现

1. CRB 商品价格指数短期相对稳定

进入 2018 年以来，CRB 商品价格指数延续了 2017 年 6 月下旬以来的波动回升态势，1 月 26 日达到 200.52 的近期高点，较上年末上涨 3.4%，此后有所走低。3 月上旬末，RJ/CRB 商品价格指数为 195.15，较此前高点下跌 2.7%。

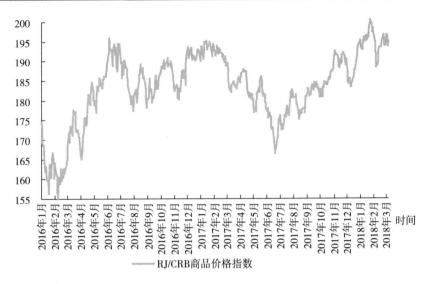

数据来源：Wind。

图 1 – 10　RJ/CRB 商品价格指数走势

2. 国际原油价格呈震荡态势

2018 年后，国际原油价格延续了 2017 年 6 月下旬以来的震荡走高行情，1 月 26 日布伦特原油期货价格和 WTI 原油期货价格分别为每桶 70.52 美元和 66.14 美元，较 2017 年末分别上涨 5.5% 和 9.5%，此后开始出现回调。2018 年 3 月上旬末，布伦特原油期货价格和 WTI 原油期货价格分别为每桶 65.49 美元和 62.04 美元，较此前高点分别下跌 7.1% 和 6.2%。

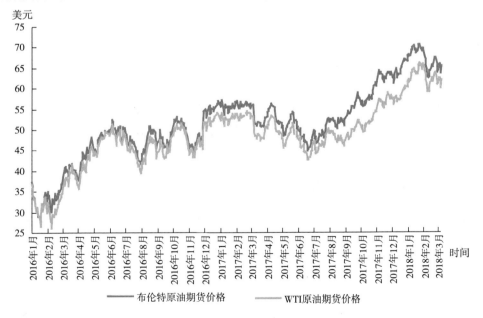

数据来源：Wind。

图 1 – 11　国际原油期货价格走势

3. 铁矿石价格有所回调

2018 年以来，铁矿石价格延续了 2017 年 11 月以来的反弹行情，2 月 26 日，普氏铁矿石价格指数（62% Fe：CFR 中国北方）达到 79.95 美元/干吨，较上年末上涨 7.5%，之后出现下跌。3 月上旬末，普氏铁矿石价格指数（62% Fe：CFR 中国北方）为 70.25 美元/干吨，较此前高点下跌 12.1%。

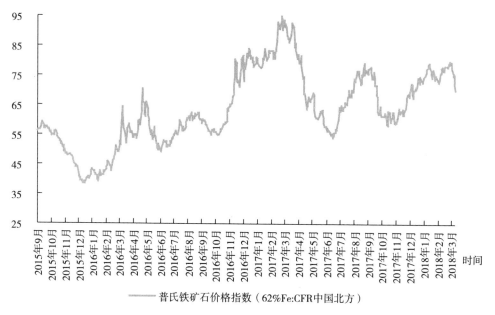

数据来源：Wind。

图 1 –12　铁矿石价格走势

4. 主要有色金属价格震荡下行

自 2018 年以来，国际铜和铝价格基本处于盘整状态，先后分别于 2 月 19 日和 20 日开始出现幅度较大的下跌。3 月上旬末，LME 铜和铝价格分别为每吨 6937.50 美元和 2099.75 美元，较下跌前高点分别下跌 7.3% 和 3.5%。

5. 主要农产品价格总体上涨

进入 2018 年，CBOT 大豆、玉米、小麦期货价格迎来了一轮较明显的上涨行情，稻米期货价格总体仍延续盘整格局。2018 年 3 月上旬末，CBOT 大豆、玉米、小麦、稻米期货价格较上年末分别上涨 7.9%、11.4%、14.8%、3.5%。

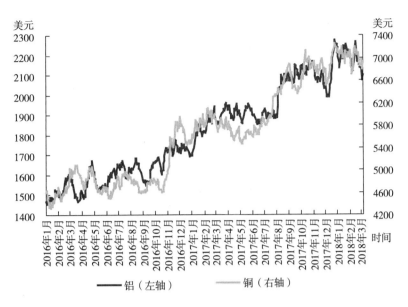

数据来源：Wind。

图 1 – 13 LME 铜和铝价格走势

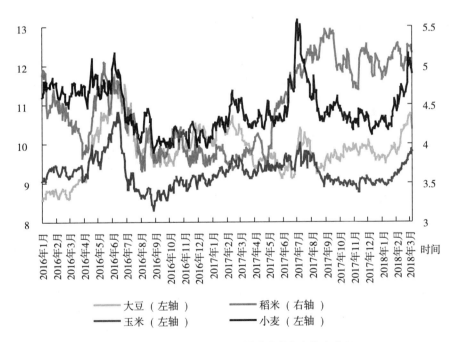

注：图中大豆、玉米、小麦价格单位为美元/蒲式耳，稻米价格单位为美元/英担。

数据来源：CEIC。

图 1 – 14 CBOT 粮食价格走势

（三）资产价格有升有降

1. 主要城市新建商品住宅价格走势相对平稳

分一二三线城市看，一线城市房价环比继续下降，二三线城市房价环比有所上涨。据国家统计局测算，从新建商品住宅价格看，2月，一线城市新建商品住宅价格环比降幅比上个月扩大0.2个百分点；二线城市新建商品住宅价格环比涨幅比上个月回落0.2个百分点；三线城市新建商品住宅价格环比涨幅与上个月持平。从二手住宅价格看，一线城市二手住宅价格环比降幅比上个月扩大0.1个百分点；二线城市二手住宅价格环比涨幅比上个月扩大0.1个百分点；三线城市二手住宅价格环比涨幅与上个月持平。

分主要城市看，新建商品住宅价格环比下跌，二手住宅价格有涨有跌。2月，从新建商品住宅价格看，北京、上海、广州、深圳分别环比下跌0.3%、0.3%、0.4%、0.6%，南京、杭州、合肥、武汉分别环比下跌0.1%、0.1%、0.3%、0.1%，跌幅比上个月有所扩大（除上海、广州、南京外）。从二手住宅价格看，北京、上海、南京、合肥分别环比下跌0.5%、0.4%、0.1%、0.1%，其中北京、南京跌幅比上个月有所收窄，上海、合肥跌幅有所加深；广州、深圳、杭州、武汉分别环比上涨0.2%、1.3%、0.4%、0.1%，涨幅有所扩大（除武汉外）。

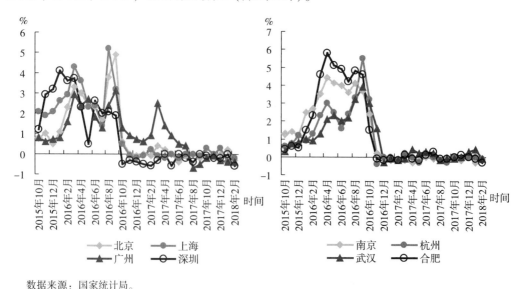

数据来源：国家统计局。

图 1-15　部分城市新建商品住宅价格环比变动情况

2. 股票价格呈现震荡态势

自 2018 年以来，股票市场呈现"较快上涨—急剧下跌—有所反弹"走势，上证综合指数由上年末的 3307.17 点上涨至 1 月 24 日的 3559.47 点，再下跌至 2 月 9 日的 3129.85 点，又反弹至 3 月上旬末的 3307.17 点，反弹幅度达 5.7%。与此同时，上交所平均市盈率由 18.16 倍上升至 19.68 倍，再回落至 17.33 倍，又回升至 18.58 倍，升幅达 7.2%。

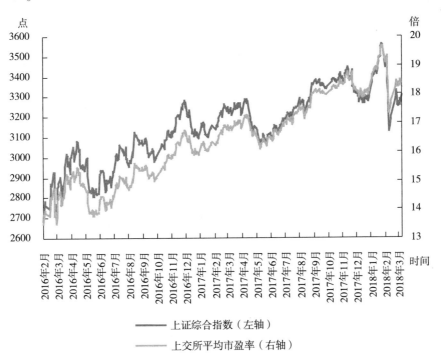

数据来源：Wind。

图 1-16 上证综合指数和上交所平均市盈率走势

3. 中债指数有所回升，债券收益率走低

2018 年以来，中债总净价指数和中债国债总净价指数出现了小幅上行走势。3 月上旬末，中债总净价指数和中债国债总净价指数分别为 111.8947 和 113.3629，较上年末分别上涨 0.6% 和 0.8%。与此同时，债券收益率曲线陡峭化下移，3 月上旬末，不考虑隔夜收益率，国债、政策金融债、企业债（AAA）和中短期票据（AAA）各关键期限点分别较上年末平均下行 32.21 个基点、29.66 个基点、20.30 个基点和 22.14 个基点。

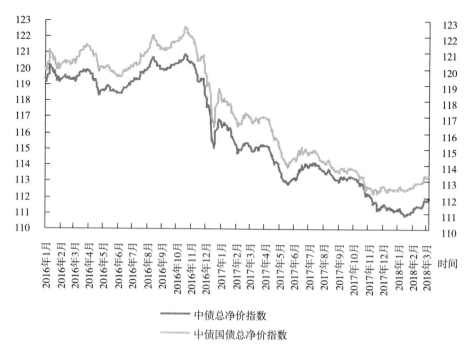

数据来源：Wind。

图 1 – 17　中债指数走势

二、成因分析

近期总需求缓中趋稳，有助于价格水平总体平稳。上游工业品供需调整引致 PPI 涨幅收窄，国际原油价格近期震荡影响国内能源、化工等相关工业品价格波动。年初低温天气以及春节因素使得食品价格总体上涨，是推动 2 月 CPI 同比涨幅创新高的主要因素，节后需求回落及天气转暖，影响 3 月食品价格回落；消费升级、人工成本及价格改革等因素影响服务价格温和上涨，对非食品价格上涨提供了支撑。

（一）总需求缓中趋稳助推价格稳定

近期投资增速延续了近年来呈现的"年初反弹"趋势，消费增长相对平稳，出口增速回升明显，总需求缓中趋稳，对价格水平的变动影响有限。

1. 投资增速延续近年来的"年初反弹"趋势

2012 年以来，全国固定资产投资同比涨幅均呈年初高增长，此后逐渐回落的"前高后低"态势。2018 年第 1 季度，全国固定资产投资累计同比增长 7.5%，增速虽然比 2017 年全年上升 0.3 个百分点，但比上年同期下滑 1.7 个百分点。民间固定资产投资增速回升较快，第 1 季度累计同比增长 8.9%，增速比上年同期回升 1.2 个百分点。

房地产开发投资增速回升。2018 年初以来，受抵押补充贷款助推棚改加速推进、企业补库存意愿上升等因素的影响，房地产开发投资增速回升。2008 年第 1 季度，房地产开发投资累计同比增长 10.4%，增速比上年同期上升 1.3 个百分点，其中住宅投资累计同比增长 13.3%，增速比上年同期上升 2.1 个百分点。

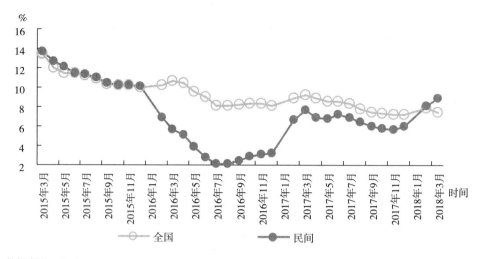

数据来源：Wind。

图 1 - 18　全国及民间固定资产投资累计同比增速变化情况

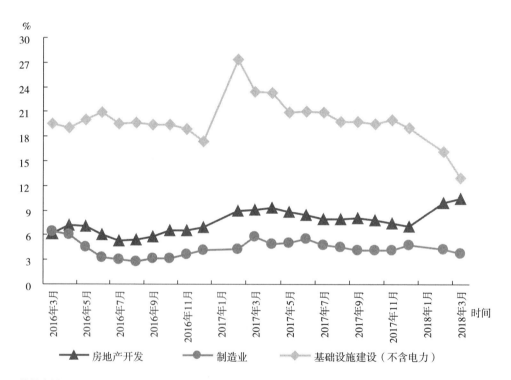

数据来源：Wind。

图 1 - 19　三大固定资产投资累计同比增速变化情况

制造业投资增速低位平稳。 自 2016 年下半年以来，虽然外向型企业出口形势好转等因素引致企业盈利有所改善，但受传统行业产能过剩矛盾突出以及环保限产等因素影响，制造业投资增速在近期保持低位平稳。2018 年第 1 季度，制造业投资累计同比增长 3.8%，增速比上年同期低 2 个百分点。

基建投资增速明显回落。受防控地方政府债务风险、资金来源趋紧、PPP 项目短期集中清理以及上年基数较高等因素影响，基建投资增速明显回落。2018 年第 1 季度，基建投资（不含电力）累计同比增长 13%，比上年同期低 10.5 个百分点，为 2014 年 4 月以来的最低值。

2. 消费增速相对平稳

自 2017 年下半年以来，随着商品房销售增速放缓，消费增速总体上趋于下滑。但近期汽车类消费增速有所提升，支撑消费增速保持相对平稳。2018 年第 1 季度，社会消费品零售总额名义同比增长 9.8%，比上年同期低 0.2 个百分点；实际同比增长 8%，比上年同期低 0.7 个百分点。

商品零售增长分化。从分项看，受商品房销售增速放缓的影响，与居住相关的商品消费增速回落。2018 年第 1 季度，建筑及装潢材料类、家具类商品零售累计同比分别增长 8% 和 9.3%，比上年同期分别下降 2.3 个和 3.5 个百分点。受上年基数较低等因素的影响，汽车类商品零售增速回升，2018 年第 1 季度累计同比增长 7.4%，比上年同期上升 1.8 个百分点。

餐饮收入增速低位平稳。受人工、水电能源成本上升以及部分地区开展餐饮业环保专项整治和食品安全检查的影响，2017 年下半年以来，餐饮收入增速保持低位平稳态势。2018 年第 1 季度餐饮收入同比增长 10.3%，比上年同期低 0.5 个百分点，为近年来的相对低点。

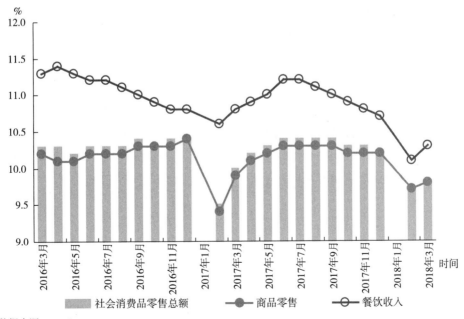

数据来源：Wind。

图 1－20 社会消费品零售总额及分项累计同比增速变化情况

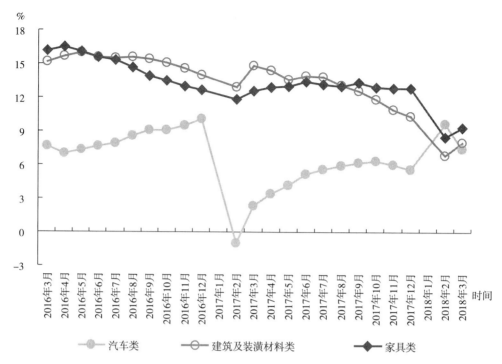

数据来源：Wind。

图 1 - 21　限额以上单位商品零售累计同比增速变化情况

3. 出口增速有所回升

受全球经济进一步复苏、发达经济体和新兴经济体需求持续回暖的影响，国际贸易形势继续好转，我国出口增速有所回升。2018 年第 1 季度，我国出口金额（美元计价）累计同比增长 14.1%，比上年同期回升 6.9 个百分点；规模以上工业企业出口交货值累计同比增长 7.6%，比上年同期下降 2.7 个百分点。对主要贸易伙伴出口全面正增长。第 1 季度，我国对美国出口金额累计同比增长 14.8%，比上年同期回升 4.8 个百分点；对欧盟出口金额累计同比增长 13.2%，比上年同期回升 5.8 个百分点；对东盟出口金额累计同比增长 18%，比上年同期回升 6.6 个百分点；对日本和中国香港地区出口金额累计同比增速也有所回升。

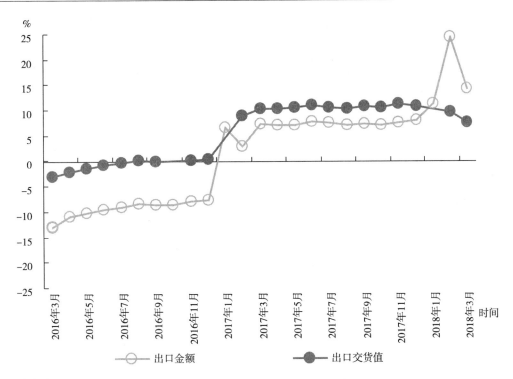

数据来源：Wind。

图1-22 出口金额及规模以上工业企业出口交货值累计同比增速变化情况

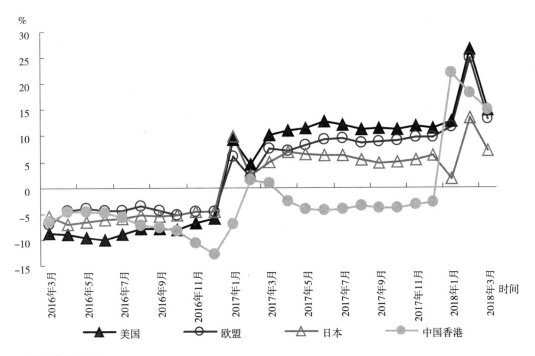

数据来源：Wind。

图1-23 我国对主要贸易伙伴出口累计同比增速变化情况

（二） 供需调整带动 PPI 涨幅回落

1. 部分工业品供需关系调整引致 PPI 涨幅收窄

从供给端看，受前期工业企业盈利能力好转的影响，部分工业品产量增速回升。2018 年第 1 季度，原煤和钢材产量累计同比分别增长 3.9% 和 4.7%，涨幅比上年同期分别扩大 4.2 个和 2.6 个百分点，粗钢、乙烯、发电量等累计同比涨幅较上年同期也有所扩大。从需求端看，部分工业品的需求有所减弱。随着防控地方政府债务风险力度加大，财政部、国资委分别发文规范 PPP 项目库管理、加强 PPP 业务风险管控，基建投资增速有所回落。虽然近期房地产开发投资增速有所回升，但房地产新开工面积同比增速较上年同期明显回落。基建投资与房地产开发投资的变化制约了对钢材、建材、化工等产品的需求增长。

受供需关系的调整，部分工业品价格涨幅回落。从环比看，2018 年 1 月 PPI 环比上涨 0.3%，但涨幅比上月回落 0.5 个百分点；2 月 PPI 环比微降 0.1%，3 月 PPI 环比继续下降 0.2%。1 月，由升转降的有黑色金属冶炼和压延加工业，下降 1.6%；涨幅回落的有石油和天然气开采业、石油煤炭及其他燃料加工业、非金属矿物制品业，分别上涨 3.3%、2.6% 和 1.3%。2 月，黑色金属冶炼及压延加工业价格下降 0.7%。由升转降的有燃气生产和供应业、有色金属冶炼和压延加工业、非金属矿物制品业，分别下降 0.9%、0.8% 和 0.4%。涨幅回落的有石油和天然气开采业，上涨 0.4%，比上月回落 2.9 个百分点；石油、煤炭及其他燃料加工业，上涨 0.2%，回落 2.4 个百分点。3 月，石油和天然气开采业价格环比下降 4.4%，石油、煤炭及其他燃料加工业，化学原料和化学制品制造业，非金属矿物制品业，有色金属冶炼和压延加工业价格环比也下降。从同比看，主要受上年同期对比基数较高的影响，1 月、2 月、3 月 PPI 同比涨幅分别为 4.3%、3.7% 和 3.1%，连续五个月呈现持续回落态势。据测算，在 1 月 4.3% 同比涨幅中，新涨价影响约为 0.3 个百分点；2 月 3.7% 的同比涨幅中，新涨价影响约为 0.2 个百分点；3 月 3.1% 的同比涨幅中，新涨价影响为 0。

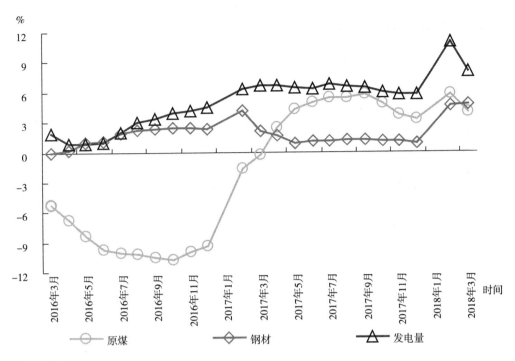

数据来源：Wind。

图1-24 主要工业品产量累计同比变化情况

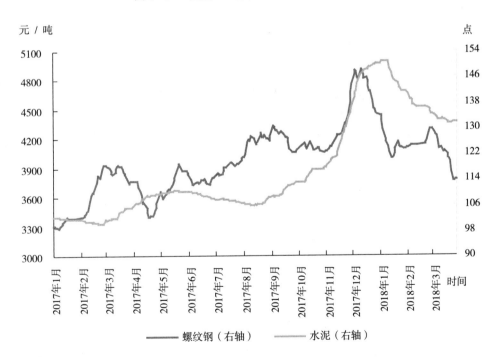

数据来源：Wind。

图1-25 部分建材价格或价格指数变化情况

2. 国际原油价格震荡影响相关产品价格

受美国页岩油产能持续扩大、OPEC 国家限产协议、需求增长等供需多种因素的影响，原油价格 2018 年初延续了 2017 年 6 月下旬以来的震荡走高行情，1 月 11 日布伦特原油现货价为每桶 70.7 美元，为最近一年来的高价格，此后呈震荡趋势，并通过贸易等多渠道影响国内能源、化工等相关行业的商品价格。2018 年 1 月、2 月、3 月，石油和天然气开采业价格环比分别上涨 3.3%、0.4% 和 - 4.4%，同比分别上涨 12.4%、11.7% 和 6.9%，石油、煤炭及其他燃料加工业环比分别上涨 2.6%、0.2% 和 - 2%，同比分别上涨 10.9%、10% 和 8.5%，化学原料及化学制品制造业，化学纤维制造业等能源、化工行业的商品价格也有不同程度的波动。

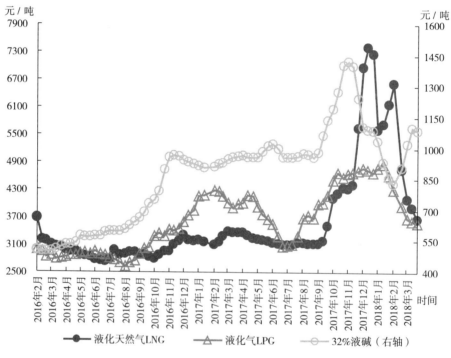

数据来源：Wind。

图 1 - 26　主要能源化工产品价格变化情况

（三）天气及春节因素导致食品价格波动较大

2018 年初以来，全国平均气温较上年同期明显偏低，影响了部分农产品的生产和运输，加之春节因素，食品价格波动上涨。

从环比看，1 月、2 月主要受大范围雨雪天气影响，部分地区鲜菜价格涨幅较高。

1月食品价格环比上涨2.2%，鲜菜、鲜果、水产品和猪肉价格分别上涨9.5%、5.7%、2.8%和0.7%。受气温偏低及春节期间消费量增加双重因素的影响，2月食品价格环比上涨4.4%。其中，鲜菜和鲜果价格分别上涨18.1%和6.4%；水产品和畜肉类价格分别上涨8.0%和2.0%。3月，节后需求回落及天气转暖，供需关系调整，食品价格迅速回落，环比下降4.2%。其中，鲜菜、鲜果、水产品和猪肉价格分别下降14.8%、2.4%、3.2%和8.4%。

从同比看，1月食品价格同比下降0.5%，降幅比上月扩大0.1个百分点，主要是受上年同期对比基数较高的影响，鲜菜和猪肉价格同比涨幅分别下降5.8%和10.6%。2月，春节前后食品价格环比上涨较大，加之春节"错月"致使2月的对比基数相对较低，导致食品价格同比涨幅扩大至4.4%。3月食品价格同比涨幅较2月有所回落，为2.1%。

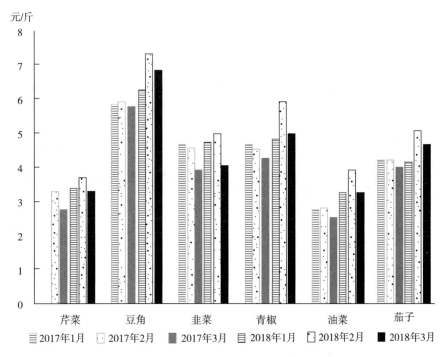

数据来源：国家统计局。

图1-27 36个大中城市主要鲜菜平均零售价格变化情况

（四）消费升级及价格改革推升非食品价格温和上涨

随着人民生活水平不断提高，消费结构逐步升级，服务性消费需求显著增长，加之价格改革的因素，非食品价格，特别是服务价格成为CPI温和上涨的支撑。一是受人工成本上升的影响，交通和通信价格涨幅扩大，其中邮递服务价格 1 月、2 月、3 月同比分别上涨 2.7%、3.8% 和 3.3%，涨幅较上年同期扩大 2.1 个、4.1 个和 3.1 个百分点。二是伴随医疗价格改革的推进，尤其是医疗服务价格谈判机制逐步完善、市场化的医疗服务价格形成机制的逐步建立，此前受到管制的部分服务价格上涨。1 月、2 月、3 月，医疗保健价格环比分别上涨 0.2%、0.1% 和 0.2%，同比分别上涨 6.2%、6% 和 5.7%，其中医疗服务价格同比分别上涨 7.3%、7.2% 和 6.8%，涨幅较上年同期扩大 2.9 个、2.6 个和 1.9 个百分点。从 36 个城市医疗服务价格看，1 月、2 月诊疗费价格同比涨幅超过 60%，注射费、床位费等价格同比涨幅超过 20%，手术费等价格同比涨幅也在 10% 以上。

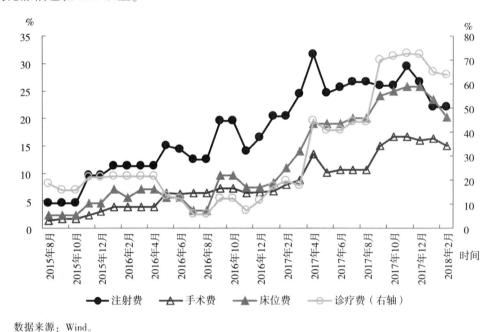

数据来源：Wind。

图 1 – 28　36 个城市医疗服务价格同比变化情况

（五）货币金融环境中性适度有助于价格平稳运行

自 2018 年以来，中国人民银行继续实施稳健中性的货币政策，为供给侧结构性改革和高质量发展营造了中性适度的货币金融环境，有利于价格水平的稳定。一是银行体系流动性中性适度，货币信贷和社会融资规模平稳增长。2018 年 3 月末，广义货币（M2）余额同比增长 8.2%，增速比上年同期低 1.9 个百分点；狭义货币（M1）同比增长 7.1%，增速比上年同期低 11.7 个百分点。本外币贷款余额同比增长 11.9%，增速比上年同期低 0.4 个百分点；人民币贷款同比增长 12.8%，增速比上年同期高 0.4 个百分点。社会融资规模存量同比增长 10.5%，增速比上年同期低 2 个百分点。二是利率水平总体适度。2017 年下半年以来，市场利率（1 周 SHIBOR）基本上运行在 2.75% – 3.00%。2018 年 3 月，同业拆借月加权平均利率为 2.74%，比上年同期高 12 个基点；质押式回购月加权平均利率为 2.90%，比上年同期高 6 个基点。

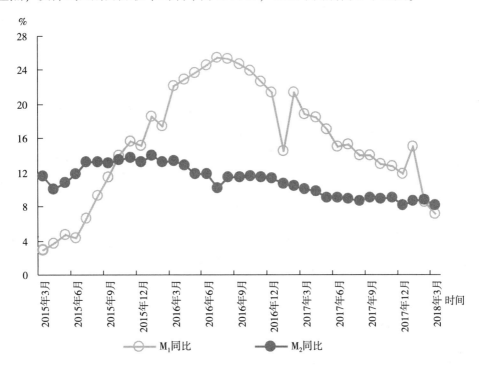

数据来源：Wind。

图 1 – 29　M₁ 和 M₂ 同比涨幅变动情况

三、趋势展望

预计总需求仍将维持相对稳定态势，供给端的冲击可能趋于减弱，供需趋于平衡有助于价格平稳运行。预计猪肉价格全年低位震荡，降幅有所收窄，在低基数条件下食品价格回升推动 CPI 温和上行，但程度相对有限。非食品价格温和上涨的态势仍将维持，对价格走势形成支撑。以原油为代表的国际大宗商品价格进一步上涨的空间有限，钢铁、煤炭等上游工业品价格增长动力不足，PPI 同比涨幅将稳步回落。预计 2018 年全年 CPI 上涨约 2.3%，PPI 上涨约 3%。

（一）总供需将趋于平衡，有助于价格稳定

1. 总需求或略有放缓

（1）先行指标显示经济增长动力较弱

作为宏观经济先行指标的"克强指数"在 2017 年 7 月达到高点后连续 7 个月下滑，2 月仅为 6.35%，处于近期最低点。从分项指标来看，2018 年 2 月工业用电量同比增长 −4.5%；铁路货运量累计增速从 2017 年下半年以来逐步放缓，2 月铁路货运量同比增长 8.2%，较上月回落 1.2 个百分点。2 月，中采 PMI 为 50.3%，较上月回落 1 个百分点，处于 2016 年 8 月以来的最低值。财新 PMI 为 51.6%，较上月小幅上升 0.1 个百分点，与中采 PMI 再次出现分化，主要是受统计口径不同的影响，表明中小民营企业经营状况存在边际改善。

从中采 PMI 分项指标看，2 月制造业供需两端数据均出现下滑。在供给端，生产指数为 50.7%，较上月大幅回落 2.8 个百分点，虽仍在枯荣线以上，但已连续 3 个月回落，显示生产积极性有所下降。在需求端，新订单指数为 51%，较上月回落 1.6 个百分点，表明内需增长有所减弱；新出口

订单指数为49%，较上月回落0.5个百分点，表明外需增长空间下降。

此外，2月非制造业商务活动PMI为54.4%，较上月回落0.9个百分点，延续了近几年的波动态势，显示结构调整仍在继续。其中，建筑业指数为57.5%，较上月大幅下滑3个百分点，项目开工出现减缓；服务业指数为53.8%，较上月回落0.6个百分点，表明服务业发展势头有所减弱。

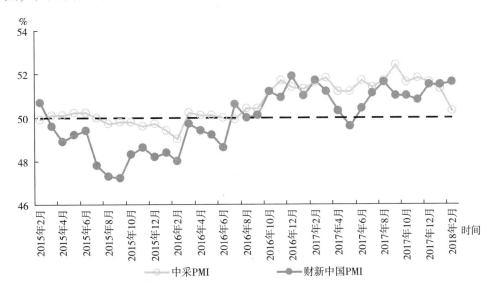

数据来源：Wind。

图1-30 中采PMI、财新中国PMI变化情况

（2）固定资产投资增速显现企稳迹象

预计基建投资增速下滑。为了发挥投资对优化供给结构的关键性作用，政府规划本年完成铁路投资7320亿元、公路水运投资1.8万亿元，水利在建投资规模达到1万亿元，并且重大基础设施继续向中西部倾斜，这些将对基建投资形成支撑。

但制约基建投资增长的因素较多。一是税收减免力度进一步加大，或将增加财政收入压力。2018年将通过完善增值税、扩大税收优惠政策范围等方式，继续为企业和个人减税8000多亿元。随着房地产市场调控机制逐步完善，房地产销售增速仍将保持低迷，与之相关的增值税、契税等房地产相关税收收入的增长空间有限。二是PPP项目风险管控加强，相关监管政策不断升级，将影响地方基建资金来源，抑制PPP项目增长势头。三是为了防范和化解地方政府债务风险，将继续规范地方政府举债融资行为，堵住违法违规的资金来源渠道，可能不利于地方基建投资的增长。总体来看，基建投资维持高增长的难度进一步加大，预计基建投资增速下降。

房地产投资增速可能稳中趋缓。2018年1—2月，房地产开发投资累计同比增长9.9%，比上年同期上升1个百分点，比上年全年上升2.9个百分点，但房地产投资增速仍可能维持缓慢下行态势。一是中央经济工作会议确定房地产调控政策延续，有可能影响房地产开发企业的投资意愿和能力。2018 年重点工作之一是"完善促进房地产市场平稳健康发展的长效机制，保持房地产市场调控政策的连续性和稳定性，分清中央和地方事权，实行差别化调控"，预计一二线城市房地产调控政策仍将延续。此外，为了促进房地产市场平稳健康发展，房地产税立法也将稳妥推进，影响房地产企业投资意愿。二是随着房地产融资监管全面趋严，资金来源渠道大幅收窄，融资难度进一步提高，将抑制房地产投资增长。1—2 月房地产开发企业到位资金累计同比增长4.8%，较上年年底回落 3.4 个百分点，较 2017 年同期下降 2.2 个百分点。

不过，一些因素也将支撑房地产投资增长。一是三四线城市棚户区改造的货币化安置仍将发挥重要作用。政府工作报告中计划 2018 年棚改开工 580 万套，维持了较大的棚改力度，或将继续支撑三四线城市房地产市场的繁荣，对房地产投资产生影响。二是为了加快建立多主体供应、多渠道保障、租购并举的住房制度，住房租赁市场将保持发展态势，或在一定程度上抵消商品房投资下降的影响，成为稳定房地产投资增速的支撑。三是随着房地产去库存的持续推进，商品房待售面积同比增速持续为负，而较低的房地产库存或将刺激房地产投资意愿。四是房价上涨压力大的城市仍将继续增加住宅用地供给，为房地产开发投资增长提供支撑。1—2 月，100 个大中城市住宅类用地的土地供应数量累计 635 宗，较 2017 年同期增加 128 宗；供应土地占地面积3408.25 万平方米，较 2017 年同期增加 888.3 万平方米，未来或将滞后驱动土地购置面积上升，支撑房地产投资增长。

制造业投资增速或将持续回稳。诸多有利因素仍将支持制造业投资增速持续回升。一是企业税负成本仍将继续下降。政府工作报告规划 2018 年为企业和个人减税 8000 多亿元，并为市场主体减轻非税负担 3000 多亿元，将进一步降低企业经营负担，刺激制造业投资增长。二是高端制造业仍将延续强劲增长势头。为加快制造强国建设，未来仍将继续推动集成电路、第五代移动通信、飞机发动机、新能源汽车、新材料等产业发展，为制造业投资提供新的增长点。三是民间投资可能助推制造业投资增长。随着《关于发挥民间投资作用　推进实施制造强国战略的指导意见》的进一步贯彻实施，将持续释放民间投资活力，有效助推民营制造业投资增长。此外，外需改善和消费的相对稳定增长也将为制造业投资增长提供支撑。

但一些因素仍然制约制造业投资增速回升空间。一是为打好污染防治攻坚战，环保监管仍将继续，或抑制传统制造业投资增长。二是部分制造业仍然存在产能过剩的问题，有可能拖累制造业投资增速回升空间。

（3）出口增长相对稳定的可能性较高

出口形势仍然存在持续向好的可能性。一是世界经济仍将持续复苏态势。IMF 在2018 年 1 月的《世界经济展望》中，将 2018 年和 2019 年的全球经济增速预期提高至3.9%，均比上年 10 月的预测值提高 0.2 个百分点。二是主要发达国家经济体持续改善。美国、欧盟、日本等主要发达国家和地区的 PMI 指数保持高位，经济增速将延续回暖态势，为我国外部需求增长提供了良好支撑。三是新兴经济体或为出口增长提供新的支撑。"一带一路"建设的逐步深入，区域全面经济伙伴关系协定的继续推进，都有助于形成全面开放的新格局，未来与新兴经济体之间经济合作进一步加强，将带动中国制造和中国服务"走出去"，为出口提供新的增长点。

不过，出口增长也受到一些因素的制约：一是反全球化、贸易保护主义和民粹主义思潮为出口增长带来不确定性。特朗普政府采取贸易保护措施成为必然，中国作为美国贸易逆差的主要来源国，与美国之间发生贸易摩擦的程度及其对出口的影响存在很大的不确定性。二是部分制造业企业出口增速面临下行压力。发达经济体的制造业回流，新兴经济体的制造业规模扩张，对我国制造业企业出口形成双重挤压，未来或将影响出口增速。此外，2017 年出口快速增长带来的较高基数以及近期人民币汇率的变化，也将对出口增速形成制约。

（4）消费增速或将缓中趋稳

一是新兴消费需求仍将保持强劲增长。消费观念的更新驱动消费需求不断升级，旅游、文化、教育等领域仍将保持快速发展，有效弥补传统消费需求下降。网上零售与共享经济等新型消费模式带来了新的消费需求，有可能成为支撑消费增长的重要动力。二是新能源汽车消费或保持高速增长。新能源汽车车辆购置税优惠政策的延长、二手车限迁政策的全面取消以及对传统能源汽车禁售的担忧，或将进一步刺激新能源汽车需求持续增长。三是乡村消费需求不断释放。随着乡村振兴战略的深入实施，在丰富农村消费市场的同时，将稳步释放农村巨大的消费潜力，为消费平稳增长提供支撑。

但消费增长也受到一些约束。一是居民人均可支配收入增速较低制约消费增长。2017 年全国居民人均可支配收入增速虽有所反弹，但是全国居民人均可支配收入中位数增速明显低于全国居民人均可支配收入增速，而且较 2016 年下滑 1 个百分点。这说明大部分居民收入增长乏力，限制了消费增长空间。二是前期房价大幅上涨造成居民负债增加，仍将制约居民的消费能力。三是伴随房地产调控政策的延续，房地产销售增速或将持续低迷，仍会抑制家具、家电、建筑装潢类的消费需求。

2. 供给面因素的冲击将趋于减弱

（1）去产能力度有所下降，对供给的影响可能减弱

2018 年的政府工作报告中规划，2018 年再压减钢铁产能 3000 万吨，退出煤炭产能 1.5 亿吨左右，低于 2017 年压减钢铁产能 5000 万吨，退出煤炭产能 1.5 亿吨以上的目标。2018 年全国各地去产能压力将有所减小，而在化解过剩产能、淘汰落后产能的同时，进一步加快释放优质产能，将减弱去产能对供给端的影响。

（2）环保监管仍将趋严，但边际影响或将减小

污染防治作为三大攻坚战之一，2018 年仍将继续推进，实现主要污染物排放总量大幅减少，生态环境质量总体改善的目标。在这一背景下，未来中央环保督察工作或将持续开展，严格执行环保、质量、安全等法规标准，对不达标的企业坚决依法依规处置和关停，环保监管将进一步趋严。但随着近两年环保持续高压，相当数量企业已经通过转型升级达到环保标准或退出市场，环保限产对供给端的冲击得到了相当程度的释放，边际影响趋于减弱。

（3）降成本和补短板逐步落实，将有利于价格稳定

在降成本方面，2017 年，规模以上工业企业每百元主营业务收入中的成本和费用分别为 84.92 元和 7.77 元，分别比上年减少 0.25 元和 0.2 元。2018 年政府工作报告中再次提出了一系列新的减税降费措施，让企业轻装上阵、聚力发展。随着减税降费工作的顺利推进，降成本工作将取得更大进展，有利于维持价格稳定。在补短板方面，相关部门仍将针对制约经济社会发展和民生改善的突出问题，加快提升公共服务、基础设施、资源环境等方面的支持能力，推进相关重大工程建设，或将会减小某些领域的供给制约，减轻价格上涨压力。

3. 宏观政策有助于供求基本平衡的格局

2018 年政府工作报告提出，2018 年要继续创新和完善宏观调控，把握好宏观调控的度，保持宏观政策连续性、稳定性。我国宏观政策将继续实施积极的财政政策和稳健中性的货币政策。

积极的财政政策取向不变。 2018 年预算财政赤字 2.38 万亿元，与上年持平。财政赤字率拟按 2.6% 安排，比上年低 0.4 个百分点，调低财政赤字率主要是我国经济稳中向好、财政增收有基础。同时，2018 年拟安排地方专项债券 1.35 万亿元，较上年增加 5500 亿元。合并考察公共财政预算赤字与新增地方专项债券占 GDP 的比重，财政扩张力度与上年基本持平，显示积极的政策取向。此外，财政政策更加重视聚力增效，通过优化财政支出结构，提高财政支出的公共性、普惠性，加大对三大攻坚战的支持，更多向创新驱动、"三农"、民生等领域倾斜。

货币政策保持稳健中性。 在严监管驱动表外融资回流的背景下，将通过综合运用货币政策工具，来维持银行体系流动性合理稳定，并管好货币供给总阀门，保持广义货币 M_2、信贷和社会融资规模合理增长，提高直接融资特别是股权融资比重。通过疏通货币政策传导渠道，用好差别化准备金、差异化信贷政策，引导资金更多投向小微企业、"三农"和贫困地区，更好服务实体经济。

总体来看，在需求端，固定资产投资增速将逐步显现企稳迹象，消费需求仍将延续趋缓态势，而出口增长可能维持相对稳定，总需求或将略有放缓。在供给端，去产

能和环保限产对供给的冲击可能减弱。积极的财政政策和稳健中性的货币政策不会对经济形成强刺激，供需趋于平衡的环境有助于价格水平的总体稳定。

（二）预计 CPI 运行中枢小幅上移，但仍将为温和水平

1. 食品价格增速回升带来 CPI 上行压力，但程度有限

2017 年 2 月直至 2018 年 1 月，食品价格同比增速连续 12 个月运行在负值区间，平均涨幅为 -1.68%，是 2017 年 CPI 低位运行的重要原因。上一次出现类似情况是在经济增长大幅下滑的 2009 年，食品价格在 2—7 月连续 6 个月出现负增长，平均增速为 -1.13%。此后的 2010 年食品价格同比增速大幅回升，推动 CPI 显著上行。比较而言，本轮食品价格负增长，无论是在时间跨度上还是在下跌程度上均甚于 2009 年。2018 年 2 月食品价格同比增长已经由负转正，考虑到春节错月因素，近期食品价格仍可能出现回调。但在基数效应的作用下，全年食品价格同比增速由负转正是大概率事件，将是 2018 年 CPI 上行的主要推手。不过，考虑到年内猪肉价格及粮食价格运行态势以及蔬菜等价格走势的不确定性，食品价格推升 CPI 上涨的程度有限。

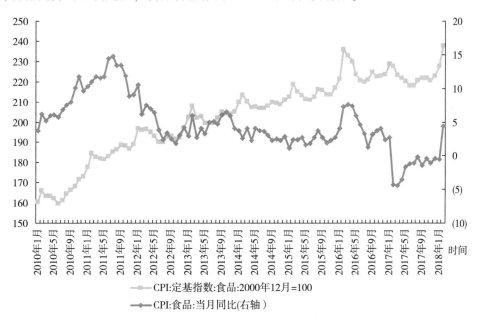

数据来源：Wind。

图 1 - 31 食品价格同比及定基指数变化情况

猪肉价格或将低位震荡。 首先，供需因素仍不支撑猪肉价格短期反弹。猪肉价格自 2016 年中见顶后持续大幅回落，直至 2017 年下半年才止跌企稳。2018 年春节后猪

肉价格再次出现快速下降，表明猪肉价格整体上仍处于下行态势。有分析表明，春节后猪肉价格下行具有季节性规律，历史上除 2014 年外，其余年份均出现了春节前猪肉价格上涨、春节后猪肉价格下降的季节性规律。但 2018 年春节猪肉价格较以往年份下降程度更为明显，不仅存在一定的季节性因素，更是体现出了明显的"超季节性"特征。主要是猪肉供需状态还未到达拐点。从供给端看，尽管生猪和能繁母猪存栏量持续走低，但规模化养殖程度日益提高，养殖技术和效率的提升使得猪肉供应稳中有增。统计数据显示，2017 年末我国生猪存栏 43325 万头，下降 0.4%；但全年猪肉产量5340 万吨，增长 0.8%；生猪出栏 68861 万头，增长 0.5%，均小幅增长。在持续盈利的情况下，养殖企业和散养户前期扩张的产能在 2018 年将继续释放，加之进口猪肉的影响，2018 年猪肉供给能力或将进一步增强。在需求端，随着居民消费水平提高和结构升级，猪肉消费难以再出现显著扩张，将基本维持平稳增长状态。

　　总体来看，猪肉价格从同比增速达到高点到同比触底，一般经历一年左右的时间；从同比触底到同比增速转正，又要经过一年左右的时间。如果按照一年的时间来计算，尽管全国绝大多数地方猪肉价格已经跌破成本价，但由于前期盈利超过 36 个月，中小养殖企业具有一定的资本积累，短期内退出市场的可能性不大，市场调整仍需一定时间。本轮猪肉价格上行周期启动至少要在 2018 年年中甚至更晚一些，期间将呈现低位运行、震荡调整的格局。从这个角度看，猪肉价格短期内仍有可能下行，全年低位震荡调整的可能性较大，猪肉价格全年可能前低后高。但受成本因素的影响，猪肉价格降幅会显著收窄，或者由负转正，从而对 CPI 形成一定支撑。

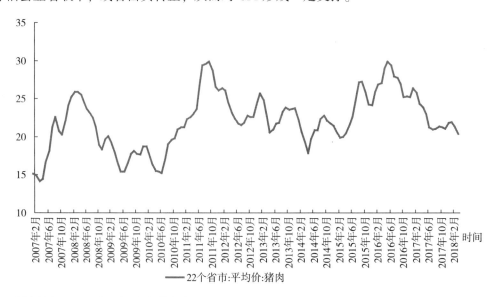

数据来源：Wind，中国人民银行研究局。

图 1 - 32　22 个省市猪肉平均价格变化情况

　　粮食价格仍将保持相对平稳。国内粮食价格上涨动力仍然不足。目前，国内粮食高产量、高库存格局基本未变；受居民消费结构变化的影响，粮食需求量稳中趋降。总体来看，虽然农业供给侧改革或将对粮食价格产生一定支持，但考虑到供过于求对粮食价格的压力以及未来粮食进口逐步放开带来的冲击，粮食价格仍将保持低位平稳。从主要粮食作物看，受 2018 年稻谷最低收购价大幅下调以及晚籼稻最低收购价收购工作结束等因素影响，籼稻价格或将逐步下跌，影响稻谷价格的整体走势。预计国内小麦产量仍将进一步增加，整体供需情况仍然较为宽松，价格上涨可能性较小。2018 年春节后，随着深加工企业普遍开工，玉米需求逐渐增加，将对价格上升形成支撑，但正处于临储玉米拍卖政策出台的敏感期，或对价格有所抑制。大豆价格对外依存度较高，国际方面，美国农业部 2018 年 3 月的月度供需报告中，对 2018 年大豆产量的估计下调，同时小幅上调消费量，预计国际大豆价格存在上升的可能，或对国内大豆价格形成支撑。

2. 非食品价格仍可能维持温和上涨

自 2016 年 12 月以来，非食品价格呈现持续稳定上涨趋势，同比增速一直保持在 2% 以上；服务类价格同比增速明显高于非食品价格，多数月份甚至超过 3%，成为 CPI 增速的主要正向支撑。预计非食品价格在 2018 年仍将保持温和上涨趋势。一是服务业加快发展，而劳动力总量下降、人工价格持续走高会带动服务类价格趋势性上行。二是医药改革进程持续推进，尤其是随着社会办医在医疗服务领域的通道进一步拓宽，预计后续医疗服务价格将继续稳中有升。三是 2018 年政府工作报告再次强调要在 2018 年"加快技术、土地等要素价格市场化改革，深化资源类产品和公共服务价格改革"，这些改革落地实施可能推升非食品价格小幅上涨。四是原油价格缓慢震荡上行，继续推动 CPI 中居住项目下的水电燃料价格，以及交通通信项目下的交通工具用燃料和邮递服务等价格不同程度上涨。此外，2018 年政府工作报告进一步强调"房住不炒"，并要求继续实行差别化调控，通过培育住房租赁市场，发展共有产权住房等促进房地产市场平稳健康发展。可以预计，2018 年房地产市场"稳"字当头，进而带动房租价格继续保持平稳增长。五是居民消费升级带动消费结构变化，旅游、文化、教育等高端服务消费需求大幅增加，将拉动服务类价格上升。

根据上述分析并综合考虑翘尾因素、蔬菜价格季节性波动等影响，近期 CPI 将有所回落，不过，全年运行中枢将小幅上移。

（三）PPI 同比增速逐步回落的可能性较高

1. 钢铁、煤炭等主要工业品价格上涨动力减弱

进入 2018 年以来，特别是春节后，由于下游需求不及预期加剧"供需错配"，钢铁和煤炭价格出现快速回落。目前，钢铁、煤炭等库存仍处于历史高位。截至 2018 年 3 月 9 日，全国螺纹钢库存大幅增至 1082 万吨，钢材价格短期内仍将继续承压；钢铁企业以消化库存为主，对焦炭需求疲弱也将带动煤炭价格弱势运行。当前螺纹钢期货价格已经跌破钢贸商冬储成本，进一步下行的空间有限。随着"两会"结束和气温回暖，工地开工率上升，需求端将可能改善，钢铁、煤炭价格短期内有望企稳。

从全年走势看，预计钢铁、煤炭等上游工业品价格上涨的动力较 2017 年将明显减弱。在供给端，钢铁、煤炭等上游工业品产量可能继续增长。2018 年政府工作报告提出了压减钢铁、退出煤炭产能的目标。理论上，产能压减将继续对价格形成支撑。但具体看，2018 年钢铁去产能规划与预期差异不大。煤炭去产能虽超出超预期，但与过去两年相比，去产能力度要小得多。在价格已经对预期作出充分反应的情况下，环保限产和去产能对价格的边际刺激作用将进一步下降。更重要的是，由于产能利用率大幅提升，在价格上涨和利润快速提升的刺激下，去产能并不意味着"去产量"。2017 年中国钢铁产能利用率达 84.7%，较 2015 年提升 17.7 个百分点，全年粗钢产量 8.3 亿吨，同比增长 5.7%。考虑到钢铁产能利用率仍有较大提升空间，加之以京津冀为核心的 26 个城市采暖季环保限产行动即将结束，限产区域钢铁、煤炭等行业将复产，2018 年钢铁产量将继续保持稳步增长。此外，工业品价格上涨助推企业利润持续增加，2017 年全国规模以上工业企业利润总额同比增长 21%，较 2016 年上升 12.5 个百分点，将进一步刺激优质产能加快释放，影响部分中上游工业品供给。

预计对中上游工业品的需求将有所减弱。年内房地产投资增速稳中趋缓、制造业投资止跌企稳，基建投资增速将小幅下行，总体上对钢铁、煤炭等产品的需求略有减弱。值得我们关注的是，2018 年 1—2 月，汽车制造业固定资产投资同比增速陡降至 -2.7%，较 2017 年 12 月下降 12.9 个百分点、较 2017 年同期下降 17 个百分点。尽管后期走势仍有待观察，但考虑到汽车购置税优惠取消等因素，2018 年汽车行业投资增长将大概率低于 2017 年。作为重要用钢行业，汽车产业投资下降必将影响钢铁需求。此外，特朗普关税政策引发贸易摩擦担忧，如果一旦升级加剧，可能会影响制造业出口，在一定程度上影响对钢铁的需求。

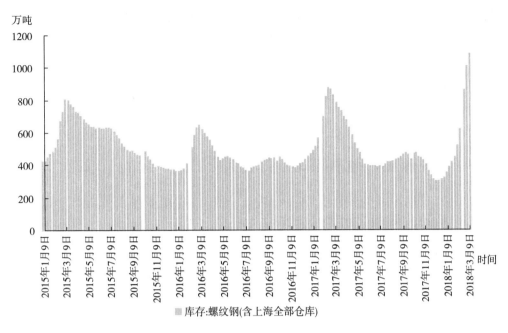

数据来源：Wind。

图1-33 钢材库存变化情况

2. 国际大宗商品价格的拉动作用减弱

原油价格进一步上行空间有限。随着全球经济保持复苏势头，原油需求将继续增长，尽管面临美国原油产量增加的压力，但在OPEC和非OPEC国家减产协议的作用下，原油供求再平衡的基本面支持油价的震荡缓慢上行走势，但上涨空间十分有限。市场普遍认为，目前美国页岩油的盈亏成本在50～55美元/桶。一旦油价长时间运行于60美元/桶之上，盈利空间将刺激前期停产的页岩油陆续恢复生产，进而在供给层面上对价格施压。近期美国能源信息署（EIA）发布报告称，截至2018年3月9日当周，美国石油活跃钻井数796座，而上年同期仅为617座。同时，EIA预计油价上涨将使美国原油产量由2017年的930万桶/日升至2018年的1070万桶/日。此外，考虑到美国和俄罗斯之间的大国博弈，美国有意愿也有能力约束原油价格以打压俄罗斯，维护自身利益。预计2018年原油价格大概率在60～70美元/桶的区间震荡。

主要金属价格或延续震荡缓升态势。一方面，工业金属需求继续向好；另一方面，由于长期处于下行通道，全球产能萎缩，加之近年来主要资源国生产商的资本支出持续处于低位，产能恢复尚需时间，新增供给有限。目前，大部分工业金属库存处于2013年以来的相对低位，铅、锌、镍等品种甚至存在短缺。未来主要金属价格将延续震荡缓升态势，不排除部分供需存在缺口的品种价格出现较大幅度上涨。

此外，随着美国经济增长更趋稳健以及持续加息的预期，年内美元指数或出现阶段性反弹，前期弱势美元对大宗商品价格的支撑作用将有所减弱。鉴于 2017 年下半年大宗商品快速上涨，在高基数作用下，全年大宗商品价格增速放缓将推动 PPI 同比增幅逐步回落。

总体来看，中上游价格增长动力不足，加之 2017 年持续高基数的影响，PPI 同比将稳步回落。

（四）价格变动趋势预测

1. 预计 2018 年全年 CPI 涨幅为 2.3% 左右

基于以上分析，根据计量经济模型预测，在没有大的外部冲击的背景下，预计食品价格的小幅上涨推升 2018 年 CPI 回升，全年涨幅为 2.3% 左右，月度同比涨幅波动性较高。

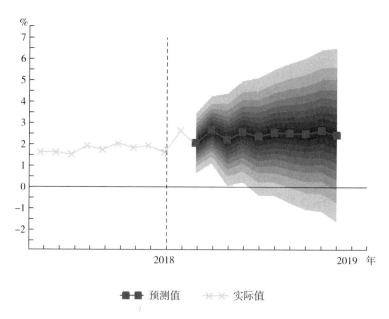

数据来源：2018 年 2 月及之前数据来源于国家统计局，3 月及之后的数据为作者预测。

图 1 - 34　CPI 同比涨幅预测

2. 预计 2018 年全年 PPI 涨幅为 3% 左右

在前述分析基础上，根据计量模型，在没有大的外部冲击的背景下，中上游工业品供需趋于平衡，PPI 上涨动力不足，预计 2018 年 PPI 同比涨幅逐步回落，全年上涨3%，呈前高后低趋势。

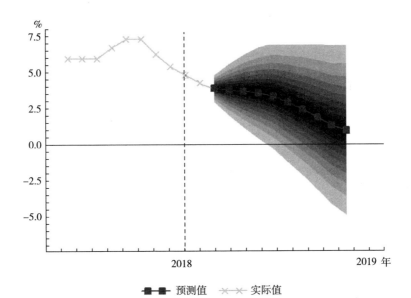

──■──■── 预测值　　──×──×── 实际值

数据来源：2018年2月及之前数据来源于国家统计局，3月及之后的数据为作者预测。

图1-35　PPI同比涨幅预测

第二部分
2018 年第 2 季度价格监测分析

主要观点和结论

　　2018 年 3 月以来，价格走势总体温和。食品价格涨幅持续回落，非食品价格涨幅相对平稳，CPI 同比涨幅略有回落。PPI 环比涨幅由负转正，同比涨幅有所扩大。国际油价大涨后回调，大宗商品价格大多先升后降。房地产价格环比上涨，股票价格震荡下跌，债券收益率走高。

　　近期总需求稳中趋缓，有助于价格保持相对平稳。国际原油价格上升带动国内能源、化工等相关工业品价格上涨；环保治理及去产能推升中上游工业品价格的动能逐步减弱，5 月房地产施工和新开工的快速增长导致钢材市场需求较旺，黑色金属冶炼和压延加工业价格由降转升。供大于需及天气因素导致食品价格总体回落；原油价格、前期房价上涨等因素向下游产业传导，加之价格改革等因素的影响，非食品价格增速保持相对平稳。

　　年内总需求有可能稳中放缓，以原油为代表的国际大宗商品价格或将呈震荡态势，支撑价格水平上涨的动能不足。预计猪肉价格短期内跌幅收窄，年内同比涨幅由负转正，食品价格对 CPI 拖累作用减弱。消费升级以及价格改革仍将推动非食品价格增速相对平稳，对 CPI 走势形成支撑。在环保治理及去产能的边际影响减弱和投资需求放缓的背景下，钢铁、煤炭等中上游工业品价格或将下滑，PPI 同比涨幅将波动回落。预计 2018 年全年 CPI 上涨 2% 左右，PPI 上涨 3% 左右。

（本部分完成于 2018 年 6 月 25 日）

一、价格形势

2018 年 3 月以来，价格走势总体温和。食品价格涨幅持续回落，非食品价格涨幅相对平稳，CPI 同比涨幅略有回落。PPI 环比涨幅由负转正，同比涨幅有所扩大。国际油价大涨后回调，大宗商品价格大多先升后降。房地产价格环比上涨，股票价格震荡下跌，债券收益率走高。

（一）价格走势总体温和

1. 居民消费价格涨幅略有回落

CPI 同比涨幅有所回落。2018 年 5 月，CPI 同比上涨 1.8%，涨幅与上个月持平，比 3 月回落 0.3 个百分点，总体仍延续 2017 年 8 月以来在 1.8% ~ 1.9% 区间的运行态势。其中，5 月剔除食品和能源的核心 CPI 同比上涨 1.9%，涨幅比上个月回落 0.1 个百分点。2018 年 1—5 月合计，CPI 累计同比上涨 2%，涨幅比上年同期高 0.6 个百分点，比上年全年高 0.4 个百分点；核心 CPI 累计同比上涨 2%，涨幅比上年同期低 0.1 个百分点，比上年全年低 0.2 个百分点。

食品价格涨幅继续回落。2018 年 5 月，食品价格同比上涨 0.1%，涨幅比上个月回落 0.6 个百分点，连续 3 个月出现涨幅回落。从食品细项分类看，畜肉类价格同比下降 9.3%，降幅较上个月扩大 0.5 个百分点。其中，猪肉价格同比下降 16.7%，降幅比上个月扩大 0.6 个百分点。鲜菜价格同比上涨 10.0%，涨幅比上个月扩大 1.8 个百分点。鲜果价格同比下跌 2.7%，上个月为同比上涨 4.2%。蛋价格同比上涨 20.8%，涨幅较上个月提高 5.9 个百分点。水产品价格同比上涨 0.6%，涨幅比上个月回落 2.2 个百分点。粮食、食用油、奶等其他食品价格走势相对平稳。

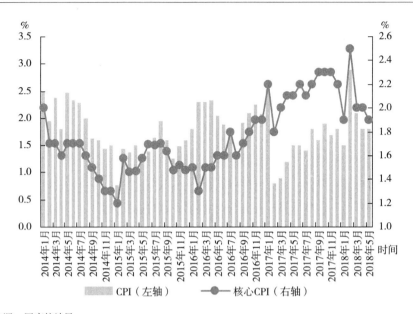

数据来源：国家统计局。

图 2 - 1   CPI 同比上涨情况

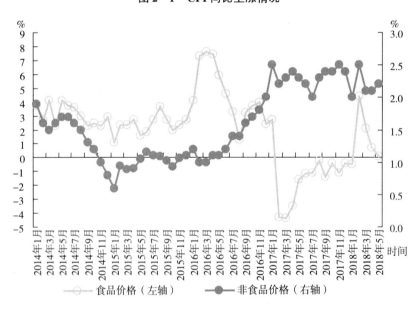

数据来源：国家统计局。

图 2 - 2   食品价格和非食品价格同比上涨情况

非食品价格涨幅相对平稳。 2018 年 5 月，非食品价格同比上涨 2.2%，涨幅比上个月高 0.1 个百分点，延续 2016 年 12 月以来持续运行在 2.0% 以上（含）的状况。从非食品分类看，2018 年 5 月交通和通信、其他用品和服务价格涨幅有所扩大，分别上涨 1.8%、1.0%，较上个月分别扩大 0.7 个、0.1 个百分点；衣着、居住、生活用品及服务价格涨幅保持稳定，分别上涨 1.1%、2.2%、1.5%，涨幅均与上个月持平；教育文化和娱乐、医疗保健价格涨幅有所回落，分别上涨 1.9%、5.2%，涨幅均较上个月回落 0.1 个百分点。

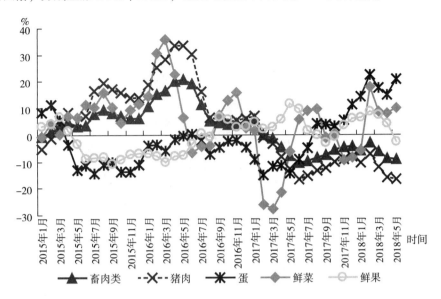

数据来源：国家统计局。

图 2-3 部分食品价格变化情况

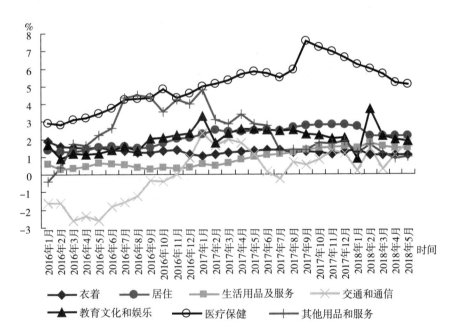

数据来源：国家统计局。

图 2-4 主要非食品价格变化情况

翘尾因素上升，新涨价因素回落。 2018 年 5 月，翘尾因素为 1.4%，较上个月高 0.1 个百分点；新涨价因素为 0.4%，较上个月低 0.1 个百分点。从对 CPI 同比涨幅的贡献度看，5 月翘尾因素的贡献率为 77.8%，较上个月提高 5.6 个百分点，新涨价因素的贡献率为 22.2%，较上个月下降 5.6 个百分点。

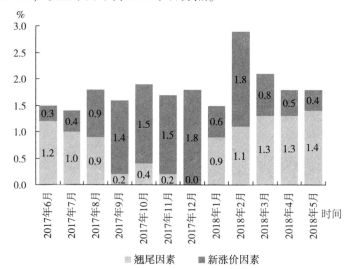

数据来源：国家统计局。

图 2 - 5　翘尾因素和新涨价因素

CPI 环比涨幅继续低于或持平于历史同期平均水平。2018 年 5 月，CPI 环比下跌 0.2%，跌幅与上个月持平，已连续 3 个月处于环比下跌区间，延续自 2017 年 8 月以来低于或持平于历史同期平均水平的走势。其中，食品价格环比下跌 1.3%，跌幅比上个月收窄 0.6 个百分点；非食品价格环比上涨 0.1%，涨幅比上个月低 0.1 个百分点。

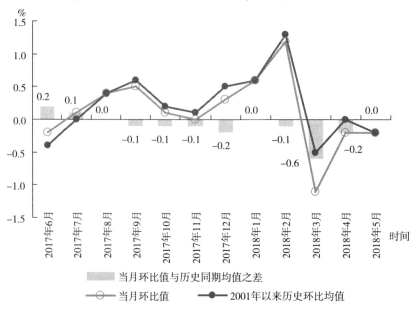

注：2018 年 1 月、2 月对应的历史同期环比均值分别为春节前一个月和春节所在月份均值。

数据来源：国家统计局。

图 2 - 6　CPI 环比与历史均值比较

2. 工业生产者价格涨幅有所扩大

2018 年 5 月，工业生产者出厂价格（PPI）同比上涨 4.1%，涨幅比上个月扩大 0.7 个百分点。其中，生产资料价格同比上涨 5.4%，涨幅比上个月扩大 0.9 个百分点；生活资料价格同比上涨 0.3%，涨幅比上个月扩大 0.2 个百分点。PPI 环比上涨 0.4%，结束此前连续 3 个月的环比下降走势。在翘尾因素有所扩大的同时，PPI 环比涨幅由负转正引起新涨价因素出现上升。2018 年 5 月，翘尾因素约为 3.9%，比上个月高 0.3 个百分点；新涨价因素约为 0.2%，比上个月高 0.4 个百分点。1—5 月合计，PPI 累计同比上涨 3.7%，涨幅比上年同期低 3.1 个百分点，比上年全年低 2.6 个百分点。上游的工业生产者购进价格（PPIRM）的同比和环比变化态势与 PPI 基本类似。

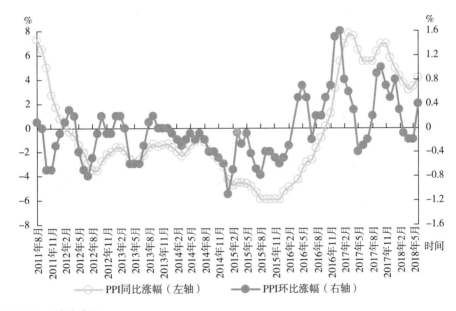

数据来源：国家统计局。

图 2 - 7　工业生产者出厂价格走势

3. 企业商品价格涨幅反弹

2018 年 5 月，中国人民银行监测的企业商品价格（CGPI）同比上涨 3.6%，涨幅比上个月扩大 0.8 个百分点。其中，农产品价格下跌 0.5%，降幅比上个月收窄 1.3 个百分点；矿产品价格上涨 4.2%，涨幅比上个月扩大 1.9 个百分点；煤油电价格上涨 6.8%，涨幅比上个月扩大 2.1 个百分点。

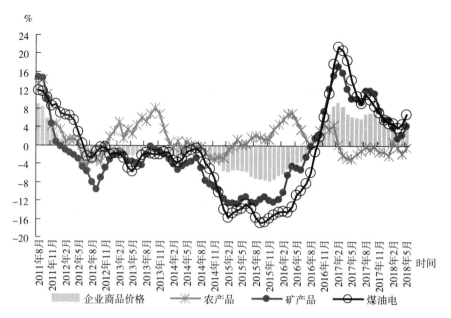

数据来源：中国人民银行。

图 2 - 8　企业商品价格走势

4. 出口和进口价格涨幅均出现回落

2018 年 4 月，出口价格同比上涨 0.2%，涨幅较上个月回落 2.5 个百分点；进口价格同比上涨 0.5%，涨幅较上个月回落 0.6 个百分点。从运行状况看，两者总体都延续了 2017 年 12 月以来波动趋缓的态势。

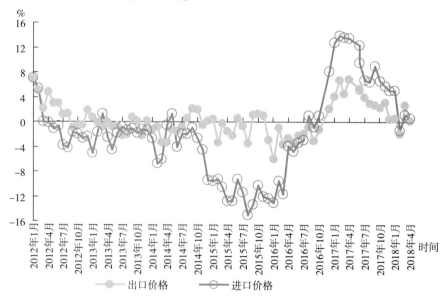

数据来源：海关总署。

图 2 - 9　进出口价格走势

（二）国际大宗商品价格大多先升后降

1. CRB 商品价格指数走高后回落

进入 2018 年后，CRB 商品价格指数延续了 2017 年 6 月下旬以来的震荡上升态势，2018 年 5 月 23 日达到 206.37，较 3 月末上涨 5.6%，较上年末上涨 6.5%，此后有所走低。6 月上旬末，RJ/CRB 商品价格指数为 200.03，较此前高点下跌 3.1%。

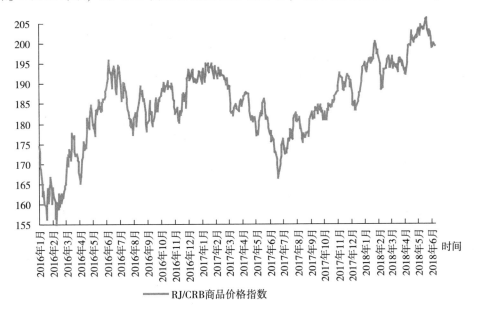

数据来源：Wind。

图 2 - 10　RJ/CRB 商品价格指数走势

2. 原油价格大涨后回调

自 2018 年以来，原油价格延续了 2017 年 6 月下旬以来的震荡走高行情，2018 年 5 月 23 日布伦特原油期货价格和 WTI 原油期货价格分别达到每桶 79.80 美元和 71.84 美元，较 2018 年 3 月末分别上涨 13.6% 和 10.6%，较上年末分别上涨 19.3% 和 18.9%。此后有所回调，2018 年 6 月上旬末，布伦特原油期货价格和 WTI 原油期货价格分别为每桶 76.46 美元和 65.74 美元，较此前高点分别下跌 4.2% 和 8.5%。

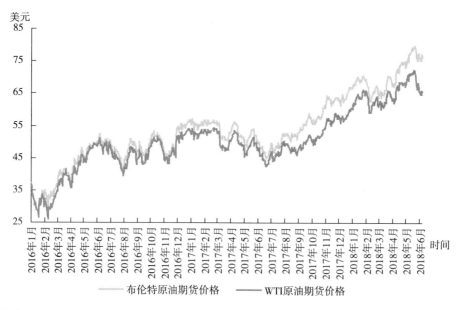

数据来源：Wind。

图 2 - 11　国际原油期货价格走势

3. 铁矿石价格窄幅波动

铁矿石价格经历了 2018 年 2 月下旬至 3 月中旬的显著下跌后，总体呈现窄幅波动态势，普氏铁矿石价格指数（62% Fe：CFR 中国北方）在 63～68 美元/干吨的区间内波动。2018 年 6 月上旬末，普氏铁矿石价格指数（62% Fe：CFR 中国北方）为 65.10 美元/干吨，较同年 3 月末上涨 3.2%。

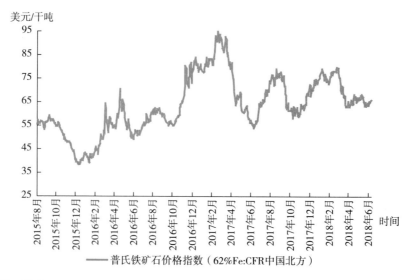

数据来源：Wind。

图 2 - 12　铁矿石价格走势

4. 主要有色金属价格震荡上行

铜和铝的价格在 2018 年 2 月下旬至 3 月下旬经历了下跌后，总体呈现震荡走高。2018
年 6 月上旬末，LME 铜和铝价格分别为每吨 7324 美元和 2296 美元，较 2018 年 3 月末分别上
涨 9.7% 和 15.6%。

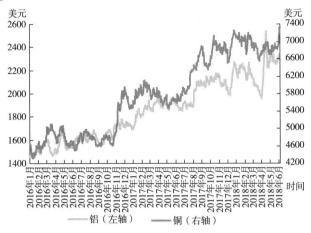

数据来源：Wind。

图 2 – 13　LME 铜和铝价格走势

5. 主要农产品价格多数下跌

2018 年初，CBOT 大豆、玉米、小麦、稻米期货价格出现了一轮较明显的上涨行情。
2018 年 3 月以来，除小麦期货价格继续呈现震荡上升态势外，大豆、玉米、稻米期货价格均
已先后出现较显著的下跌，2018 年 6 月上旬末，CBOT 大豆、玉米、稻米期货价格较此前高
点分别下跌 9.9%、7.4%、15.3%；而小麦期货价格较上年末上涨 22.5%。

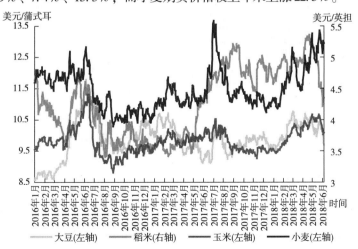

注：图中大豆、玉米、小麦价格单位为美元/蒲式耳，稻米价格单位为美元/英担。
数据来源：CEIC。

图 2 – 14　CBOT 粮食价格走势

(三) 资产价格涨跌互现

1. 房地产价格环比上涨

从 70 个大中城市看，据国家统计局初步测算，一、二、三线城市房地产价格环比均出现上涨。5 月，从新建商品住宅看，一线城市价格环比上涨 0.3%，涨幅比上个月扩大 0.3 个百分点；二线城市价格环比上涨 0.9%，涨幅比上个月扩大 0.4 个百分点；三线城市价格环比上涨 0.7%，涨幅比上个月扩大 0.2 个百分点。从二手住宅看，一线城市价格环比上涨 0.2%，上个月为环比下降 0.1%；二线城市价格环比上涨 0.8%，涨幅比上个月扩大 0.3 个百分点；三线城市价格环比上涨 0.6%，涨幅比上个月扩大 0.2 个百分点。

从 15 个热点城市看，2018 年 5 月，新建商品住宅销售价格环比下降的城市有 5 个，比上月减少 2 个，最大降幅为 1.1%；持平的 1 个；上涨的 9 个，增加 1 个，最高涨幅为 2.1%。

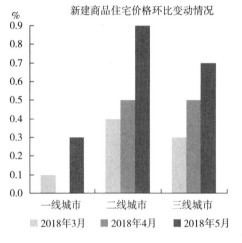
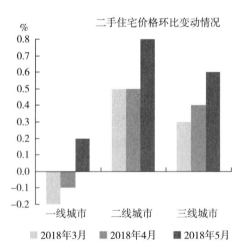

数据来源：国家统计局。

图 2－15　房地产价格环比变动情况

2. 股票价格指数震荡下跌

自 2018 年以来，股票价格指数呈现先升后降走势。上证综合指数由上年末的 3307.17 点上涨至 1 月 24 日的 3559.47 点，涨幅达 7.6%；上交所平均市盈率由 18.16 倍上升至 19.68 倍，升幅达 8.4%。此后上证综合指数逐渐下跌至 6 月上旬末的 3067.15 点，跌幅 13.8%；上交所平均市盈率回落至 15.10 倍，降幅 23.3%。

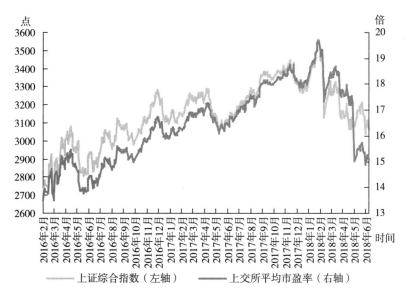

数据来源：Wind。

图 2 - 16　上证综合指数和上交所平均市盈率走势

3. 债券收益率走高

自 2018 年以来，债券市场收益率水平逐渐下行，2018 年 4 月 18 日达到低点，此后有所走高。2018 年 6 月上旬末，不考虑隔夜收益率，国债、政策性金融债、企业债（AAA）和中短期票据（AAA）各关键期限点收益率分别较 4 月 18 日平均上行 21.94个基点、24.41 个基点、26.37 个基点和 26.11 个基点。与此同时，债券市场指数经历了先上行再有所下跌的变化。6 月上旬末，中债总净价指数和中债国债总净价指数分别为 113.5418 和 114.7361，较 4 月 18 日高点分别下跌 0.81% 和 0.88%。

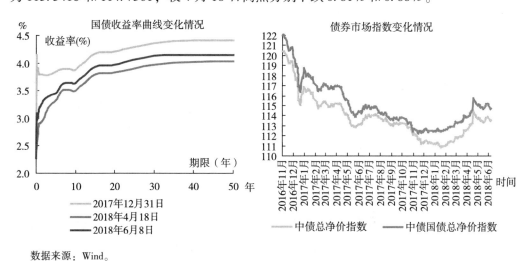

数据来源：Wind。

图 2 - 17　国债收益率曲线和债券市场指数变化情况

二、成因分析

近期总需求稳中趋缓，有助于价格保持相对平稳。国际原油价格上升带动国内能源、化工等相关工业品价格上涨；环保治理以及去产能推升中上游工业品价格的动能逐步减弱，2018年5月房地产施工和新开工的快速增长导致钢材市场需求较旺，黑色金属冶炼和压延加工业价格由降转升。供给大于需求及天气因素使得食品价格总体回落；原油价格、前期房价上涨等因素向下游产业传导，加之价格改革等因素的影响，非食品价格增速保持相对平稳。

（一）总需求稳中趋缓助推价格水平保持稳定

近期投资增速明显放缓，消费增速略有下滑，出口增速有所回升，总需求稳中趋缓的状况助推价格水平保持稳定。

1. 投资增速明显放缓

自 2012 年至今，全国固定资产投资同比涨幅均呈年初高增、此后回落的"前高后低"态势。2018 年 1—5 月，全国固定资产投资累计同比增长6.1%，增速比 2018 年第 1 季度下滑 1.4 个百分点，比上年同期下滑 2.5 个百分点。民间固定资产投资增速相对平稳，2018 年 1—5 月累计同比增长8.1%，增速比第 1 季度下滑 0.8 个百分点，比上年同期回升 1.3 个百分点。在基础设施建设投资、制造业投资、房地产开发投资中，基础设施建设投资增速回落明显。

房地产开发投资增速回升。自 2018 年初以来，受抵押补充贷款助推的棚改货币化安置加速推进、土地购置费增速较快等因素的影响，房地产开发投资增速回升。2018 年 1—5 月，房地产开发投资累计同比增长 10.2%，增速比第 1 季度下滑 0.2 个百分点，但比上年同期上升 1.4 个百分点，其中住宅投资累计同比增长 14.2%，增速比第 1 季度上升 0.9 个百分点，比上年同期上升 4.2 个百分点。

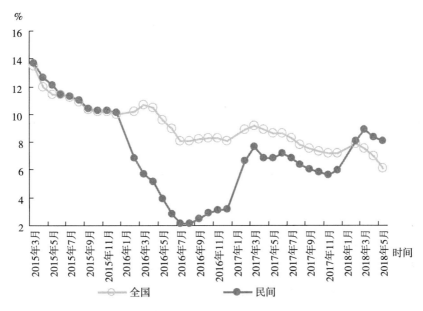

数据来源：Wind。

图 2 – 18　全国及民间固定资产投资累计同比增速变化情况

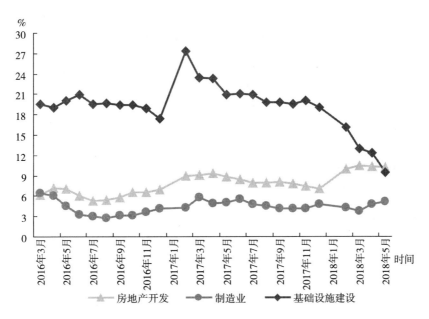

数据来源：Wind。

图 2 – 19　三个领域固定资产投资累计同比增速变化情况

制造业投资增速低位平稳。 自 2017 年以来，制造业企业盈利有所改善、外向型企业出口形势好转，但受传统行业产能过剩矛盾突出以及环保治理等因素影响，制造业投资增速在近期保持低位平稳。2018 年 1—5 月，制造业投资累计同比增长 5.2%，增速比第 1 季度上升 1.4 个百分点，比上年同期低 0.1 个百分点。

基础设施建设投资增速明显回落。受防控地方政府债务风险、融资监管趋严、PPP 项目库集中清理以及上年基数较高等因素的影响，基建投资增速明显回落。2018 年 1—5 月，基础设施建设投资（不含电力、热力、燃气及水生产和供应业）累计同比增长 9.4%，增速比第 1 季度下滑 3.6 个百分点，比上年同期低 11.5 个百分点。

2. 消费增速有所回落

2017 年下半年以来，随着商品房销售增速放缓、车辆购置税优惠政策到期等影响，消费增速总体上趋于下滑。2018 年 1—5 月，社会消费品零售总额名义累计同比增长 9.5%，增速比第 1 季度下滑 0.3 个百分点，比上年同期低 0.8 个百分点；实际累计同比增长 7.8%，增速比第 1 季度下滑 0.2 个百分点，比上年同期低 1.3 个百分点。

商品零售增速乏力。从分项看，受商品房销售增速放缓的影响，与居住相关的商品消费增速回落。2018 年 1—5 月，建筑及装潢材料类商品零售累计同比增长 8.3%，比第 1 季度高 0.3 个百分点，但比上年同期下滑 5.3 个百分点；家具类商品零售累计同比增长 8.9%，比第 1 季度下滑 0.4 个百分点，比上年同期下滑 4.1 个百分点；汽车类商品零售增速回落，累计同比增长 4.8%，比第 1 季度下滑 2.6 个百分点，比上年同期高 0.6 个百分点。

餐饮收入增速放缓。受房租、人工、水电能源等成本上升，以及部分地区开展餐饮业环保专项整治和食品安全检查的影响，2017 年下半年以来餐饮收入增速呈放缓态势。2018 年 1—5 月，餐饮收入累计同比增长 9.8%，比第 1 季度下滑 0.5 个百分点，比上年同期下滑 1.2 个百分点，同比涨幅自 2014 年 12 月以来再次回落至 10% 以下。

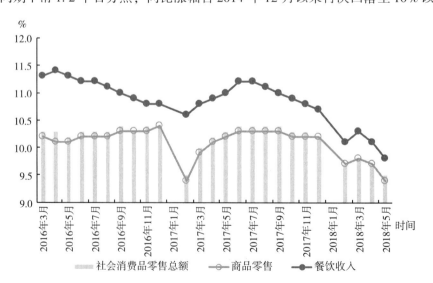

数据来源：Wind。

图 2－20　社会消费品零售总额及分项累计同比增速变化情况

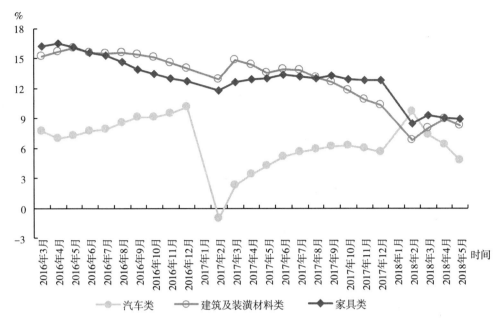

数据来源：Wind。

图2-21 限额以上单位商品零售累计同比增速变化情况

3. 出口增速有所回升

受全球经济稳步复苏、发达经济体和新兴经济体需求回暖的影响，国际贸易形势继续好转，我国出口增速有所回升。2018年1—5月，我国出口金额（美元计价）累计同比增长13.3%，增速比第1季度下滑0.6个百分点，但比上年同期回升6.2个百分点。从贸易方式看，一般贸易表现好于加工贸易，2018年1—5月，一般贸易出口金额累计同比增长18.9%，增速比第1季度下滑1.4个百分点，比上年同期回升12.7个百分点；一般贸易占出口总额的56.6%，比第1季度上升0.6个百分点，比上年同期上升1.1个百分点。从出口地区看，2018年1—5月，我国对美国出口金额累计同比增长13.6%，增速比第1季度下滑1.2个百分点，比上年同期回升2.1个百分点；对欧盟出口金额累计同比增长12%，增速比第1季度下滑1.2个百分点，比上年同期回升3.9个百分点；对东盟出口金额累计同比增长18.6%，增速比第1季度上升0.6个百分点，比上年同期回升7.4个百分点；对日本和中国香港地区出口金额累计同比增速也有所回升。

总体来看，在总需求稳中趋缓的背景下，我国供给侧结构性改革不断深入，结构性去产能工作有序开展，新产业较快增长，就业持续向好，经济运行基本平稳，有助于价格水平保持相对稳定。

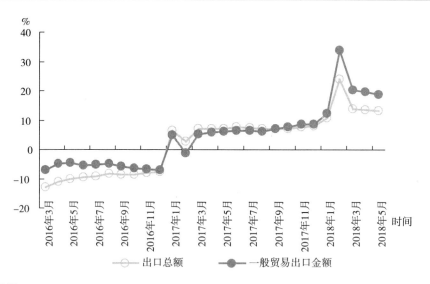

数据来源：Wind。

图 2 - 22　出口总额及一般贸易出口金额累计同比增速变化情况

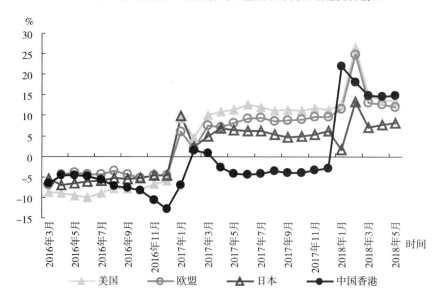

数据来源：Wind。

图 2 - 23　我国对主要贸易伙伴出口累计同比增速变化情况

（二）供给面因素推动工业品价格回升

1. 原油价格上升带动相关产品价格上涨

2018 年以来，世界经济总体向好、地缘政治风险频发，叠加限产协议高执行率，国际原油价格持续走强，2018年5月17日，布伦特原油现货价为每桶80.3美元，为2014年11月以来的高点。原油价格上升通过贸易等渠道影响国内能源、化工等相关行业的商品价格。2018年4月、5月，石油和天然气开采业价格环比分别上涨3.2%和7.5%，同比分别上涨15.2%和24.2%；石油、煤炭及其他燃料加工业价格环比分别上涨0.7%和3.6%，同比分别上涨10.2%和14.8%；化学原料及化学制品制造业，化学纤维制造业等能源、化工行业的商品价格也有不同程度的上涨。原油价格带动的相关产品价格上涨是推升5月PPI上涨的主要因素。

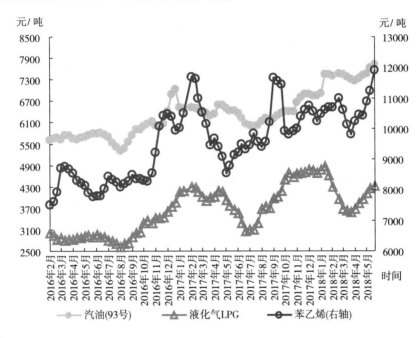

数据来源：Wind。

图2-24 主要能源化工产品价格变化情况

2. 供需变化影响部分工业品价格

在总需求放缓的背景下，中上游工业品需求与供给的调整对价格产生了影响。从需求端看，在总需求放缓的背景下，基建投资与房地产开发投资增速的变化制约了对钢材、建材、化工等产品的需求增长。2018年以来，受防控地方政府债务风险、融资监管趋严等因素影响，基础建设投资增速持续回落。此外，尽管目前房地产开发投资增速维持在10%以上水平，但考虑到2018年初以来土地购置费的高增长，房地产投资对部分工业品需求增长也呈现下滑态势。从供给端看，环保治理以及去产能继续影响部分工业品供给，但影响逐步减弱。2018年以来，污染防治攻坚战加速推进实施，环保核查力度不断加强。5月第一轮中央环保督察"回头看"正式启动，以问题为导向核查中央环保督察整改方案的具体进展。此外，多省市出台限产措施，利用环保、能耗指标考核，处置或关停不达标企业和产能。去产能工作也持续深入推进，5 月国务院组织开展钢铁行业去产能专项抽查，防范"地条钢"死灰复燃。但总体而言，环保治理及去产能对中上游工业品供给的影响逐步减弱，加之中上游工业品前期价格上涨过快，企业盈利上升，部分工业品优质供给逐步增长。中上游工业品需求的相对放缓与供给相对增长导致工业品价格有所下滑，2018 年 2—4 月生产资料环比价格连续三个月下降。4 月在 40 个工业大类行业中，16 个行业产品价格下降。在主要行业中，价格由升转降的有黑色金属矿采选业，下降 2.9%；黑色金属冶炼和压延加工业，下降 1.8%；煤炭开采和洗选业，下降 0.9%。降幅收窄的有燃气生产和供应业，下降 1.2%；有色金属冶炼和压延加工业，下降 0.2%。不过，不同行业之间由于需求与供给的调整存在差异，工业品价格呈现不同的走势。5 月，在房地产销售增速上升的刺激下，房地产施工面积和新开工面积相对于前 4 个月都有了较大的增长，导致钢材市场需求短期较旺，黑色金属冶炼和压延加工业价格由降转升，上涨 1.3%。

总体来看，5 月 PPI 环比由负转正，主要是受国际原油价格上涨和钢材市场需求较旺的影响。从结构性变化看，中上游价格涨幅较高，而下游价格相对稳定。5 月，采掘工业、原材料工业和加工工业 PPI 环比分别上涨 1.1%、0.8% 和 0.3%，生活资料 PPI 环比涨幅为 0，涨幅呈自上而下逐级收窄的分化局面。从同比看，据测算，在 4 月 3.4% 同比涨幅中，新涨价影响约为 −0.2 个百分点；5 月 4.1% 同比涨幅中，新涨价影响约为 0.2 个百分点。

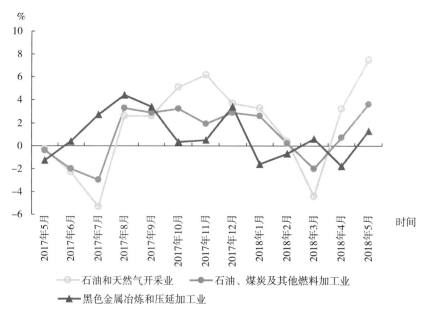

数据来源：Wind。

图 2 – 25　部分工业品价格环比变化情况

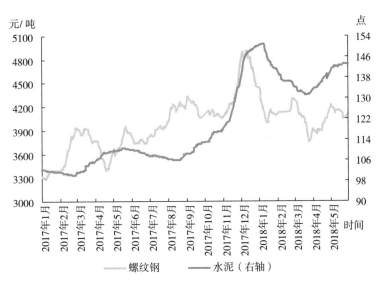

数据来源：Wind。

图 2 - 26 部分建材价格或价格指数变化情况

(三) 供求及天气因素导致食品价格下降

1. 市场供大于需推动猪肉价格继续下降

受生猪产能扩张、猪肉消费需求进入淡季等因素的影响，生猪市场供求矛盾突出，猪肉价格下跌。2018年4月、5月，猪肉价格环比分别下降6.6%和3.6%，同比分别下降16.1%和16.7%，同比跌幅比上年同期扩大8个和3.9个百分点。从22个省市猪肉平均价走势看，2018年5月下旬价格回落至15.86元/千克，为2010年7月以来的最低值。

2. 天气因素影响鲜菜鲜果及水产品价格回落

2018年第2季度以来，全国大部分地区天气状况良好，鲜菜、鲜果、水产品等供给充足，价格延续弱势。2018年4月、5月，鲜菜价格环比分别下降5.5%和4.6%，鲜果价格环比分别下降1.2%和2.7%，水产品价格环比分别下降1.2%和1%。从同比看，受上年同期基数效应的影响，2018年4月、5月，鲜菜价格同比涨幅扩大，分别为8.2%和10%；鲜果分别为上涨4.2%和下降2.7%，水产品分别为上涨2.8%和0.6%。

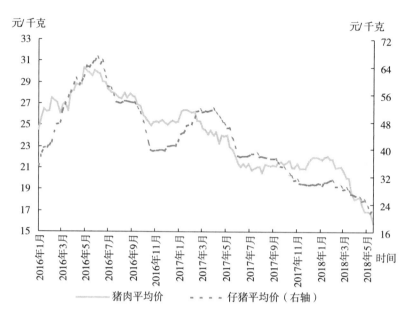

数据来源：Wind。

图 2 – 27　22 个省市猪肉、仔猪平均价变化情况

（四）原油价格上行及价格改革推动非食品价格温和上涨

原油等大宗商品价格变化、前期房价上涨等因素向下游传导，带动相关消费品和服务价格上涨。一是石油等大宗商品价格回升至近年来的高点，影响国内成品油价格上调。2018 年 3—5 月，国内成品油价格共上调 5 次、下调 1 次，累计上调汽油价格 835 元/吨、柴油价格 810 元/吨。受此影响，2018 年 4 月、5 月，交通工具用燃料价格环比分别上涨 2.6% 和 3.6%，同比分别上涨 8.7% 和 13.3%。二是前期房价大幅上涨的影响逐步传导至租房市场，居住类价格维持较高增速，4 月、5 月，租赁房房租价格环比分别上涨 0.2% 和 0.1%，同比均上涨 2.4%。

伴随医疗价格改革的推进，尤其是医疗服务价格谈判机制逐步完善、市场化的医疗服务价格形成机制的逐步建立，此前受到管制的部分服务价格继续上涨。2018 年 4 月、5 月，医疗保健价格环比均上涨 0.2%。但受基期因素的影响，医疗保健价格同比涨幅回落，2018 年 4 月、5 月同比分别上涨 5.2% 和 5.1%；其中，医疗服务价格同比分别上涨 5.8% 和 5.7%。从 36 个城市医疗服务价格看，2018 年 4 月、5 月诊疗费价格同比涨幅均超过 20%，注射费、床位费等价格同比涨幅超过 10%，手术费等价格同比涨幅也在 10% 左右。

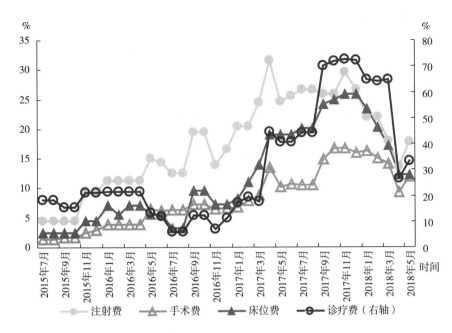

数据来源：Wind。

图2-28 36个城市医疗服务价格同比变化情况

（五）宏观经济政策有助于价格水平总体稳定

2018年以来，受防范化解重大风险、优化支出结构等影响，财政政策宽松力度弱于上年同期。1—5月，全国一般公共预算收入累计同比增长12.2%，其中税收收入累计同比增长15.8%，超过经济增速和工业增加值增速，也超过居民部门收入和工业部门的利润增速。全国一般公共预算支出累计同比增长8.1%，增速比第1季度下滑2.8个百分点，比上年同期下滑6.6个百分点。分项目看，与传统基建投资相关的财政支出增速下滑明显，交通运输支出累计同比增长6.1%，增速比第1季度下滑22.3个百分点，比上年同期下滑6.9个百分点；城乡社区事务支出累计同比增长6.2%，增速比第1季度下滑3.8个百分点，比上年同期下滑3.7个百分点。更为重要的是，受防控地方政府债务风险、融资监管趋严等因素的影响，地方政府资金来源受到严重约束，对投资需求，特别是基础设施建设投资产生了冲击。

自2018年以来，中国人民银行继续实施稳健中性的货币政策，为供给侧结构性改革和高质量发展营造中性适度的货币金融环境。一是银行体系流动性中性适度，货币信贷和社会融资规模增长适度。2018年5月末，广义货币（M_2）余额同比增长8.3%，增速比3月末高0.1个百分点。本外币贷款余额同比增长12%，增速比3月末高0.1

个百分点；人民币贷款同比增长 12.6%，增速比 3 月末低 0.2 个百分点。社会融资规模存量同比增长 10.3%，增速比 3 月末低 0.2 个百分点。二是利率水平适度。2017 年下半年以来，市场利率（1 周 SHIBOR）基本上运行在 2.7%—3.0% 的区间内。2018 年 5 月，同业拆借加权平均利率、质押式回购加权平均利率分别为 2.72%、2.82%，比上年同期低 0.16 个和 0.11 个百分点，年初以来累计下降 0.20 个和 0.29 个百分点。

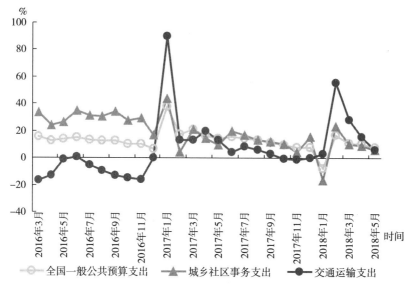

数据来源：Wind。

图 2 – 29　财政支出累计同比涨幅变动情况

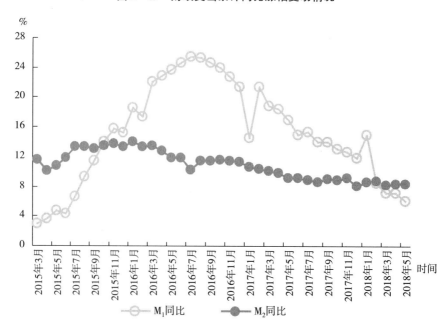

数据来源：Wind。

图 2 – 30　M₁ 和 M₂ 同比涨幅变动情况

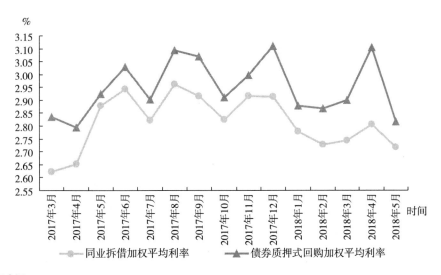

数据来源：Wind。

图 2 - 31 银行间同业拆借加权平均利率和债券质押式回购加权平均利率走势

三、趋势展望

年内总需求有可能稳中放缓，以原油为代表的国际大宗商品价格或将呈震荡态势，支撑价格水平上涨的动能不足。预计猪肉价格短期内跌幅收窄，年内同比涨幅由负转正，食品价格对 CPI 拖累作用减弱。消费升级以及价格改革仍将推动非食品价格增速相对平稳，对 CPI 走势形成支撑。在环保治理及去产能的边际影响减弱和投资需求放缓的背景下，钢铁、煤炭等中上游工业品价格或将下滑，PPI 同比涨幅将波动回落。预计 2018 年全年 CPI 上涨 2% 左右，PPI 上涨 3% 左右。

（一）预计总需求或将维持放缓态势

1. 预计固定资产投资增速继续趋缓

基建投资有可能缓中趋稳。2018 年以来，基建投资增速呈现持续下滑态势，其年内增长仍然面临较多的制约因素。一是金融监管加强，将影响地方基建投资资金来源。3 月财政部出台《关于规范金融企业对地方政府和国有企业投融资行为有关问题的通知》，严禁政策性、开发性金融机构为地方政府和国有企业提供各类违规融资。4 月人民银行等部门联合发布《关于加强非金融企业投资金融机构监管的指导意见》，严格控制通道业务和期限错配，限制部分资金违规流入基建投资。二是在"开前门、堵后门"的财政整顿原则下，仍将进一步规范地方政府举债融资行为，也将对地方政府资金来源产生影响。三是随着全国各地楼市调控政策的延续，房地产市场低迷，与之相关的地方政府增值税、契税等房地产相关税收可能减少。

不过，一些因素仍可能支撑基建投资增长。一是 PPP 项目落地有望保持快速增长。为了加强 PPP 项目的风险管控，财政部清理了部分不合规的项目，其中大多数属于发起阶段，对基建投资的实际影响有限。随着 PPP

清库告一段落，未来 PPP 项目将以更加规范的方式加快发展，为基建投资增长提供支撑。二是随着土地供给的大幅增加，土地出让收入保持高速增长，也为地方基建提供了资金来源。三是在经济增速可能放缓的背景下，财政政策可能在下半年更加积极。

房地产投资增速或将小幅下滑。一是房地产调控政策仍将延续，房地产销售增速将持续下滑，并进一步向投资端传导，抑制房地产开发投资意愿。近期，住建部针对部分城市房地产市场过热的苗头，印发通知重申坚持房地产调控目标不动摇，确保房地产市场平稳健康发展。二是房地产融资环境将进一步收紧。资管新规的出台限制了复杂的嵌套手段，对银行表外业务进行明细化管理，将有效抑制部分资金违规流入房地产行业，进一步缩减房地产企业的资金来源渠道。2018 年 1—5 月房地产开发企业到位资金累计同比增长 5.1%，较上年年末回落 3.1 个百分点，未来仍有可能继续低位回落。

不过，有些因素可能延缓房地产投资增速下滑的程度。一是住房租赁市场的快速发展，将为房地产投资提供新的支撑。近期，住建部印发通知要求大幅增加租赁住房、共有产权住房用地供给，在新增住房用地供给中的比例达到 50% 以上，未来将带动相关市场的房地产投资增长。二是部分热点城市将继续增加住宅用地供给，支撑房地产开发投资增长。2018 年 1—5 月，100 个大中城市住宅类用地的土地供应数量累计 1842 宗，较 2017 年同期增加 352 宗；供应土地占地面积 10011.14 万平方米，较 2017 年同期增加 2796.99 万平方米，未来或将滞后驱动土地购置面积上升，支撑房地产投资增长。三是各地吸引人才落户的优惠政策不断升级，并在一定程度上对人才放宽了限购政策，或将提振部分城市的房地产投资积极性。此外，较低的房地产库存以及三四线城市棚改资金的不断注入，都将延缓房地产投资增速的下滑。

制造业投资增速仍将延续回升态势。一是制造业减费降税力度不断加大。近期召开的国务院常务会议共提出 8 项减税降费措施，将持续降低企业成本，刺激制造业投资意愿。二是制造业利润增速维持高位，将有利于促进制造业投资的增长。三是随着政策引导力度的不断加强和制造业经营环境的持续改善，民间投资积极性不断回升，未来将助推制造业投资企稳回升。四是高端制造业快速发展仍将支撑制造业投资增速。1—5 月，高技术制造业投资增长 9.7%，比全部制造业投资高 4.5 个百分点，将继续引领制造业投资增长。

不过，一些因素仍然制约制造业投资增速回升空间。一是环保严监管将成为新常态，仍将对部分传统制造业投资产生影响。生态环境部于 6 月 11 日启动 2018—2019 年蓝天保卫战重点区域强化督查，持续改善重点区域环境空气质量，巩固大气污染防治成效，或不利于部分传统制造业投资。二是制造业经营成本仍然较高。土地价格上升增加工业用地成本，人口红利消失提高用工成本，加之高昂的物流成本，将持续制约制造业投资增长。三是产能过剩问题并没有得以解决，高技术制造业投资的体量还相对较小，民间制造业投资内生动能仍然不足。

2. 消费增速有可能缓中趋稳

一是消费升级仍将带动消费需求快速增长。4 月底，商务部印发《关于加快城乡便民消费服务中心建设的指导意见》，着力推进消费升级和服务消费供给侧结构性改革，为满足新兴消费需求提供支撑。二是新型零售方式将继续助推消费增长。以大数据、云计算和互联网为支撑的网上零售方式有效刺激了消费需求，未来，电商企业将进一步打通线上线下业务，加快在西部和农村地区的布局，通过开拓新的消费市场，引领消费需求增长。三是农村消费意愿不断提升。随着乡村振兴战略、精准扶贫的不断推进，农村居民的消费意愿和消费能力得以持续提升，将继续促进农村消费需求增长。

但消费增长也受到一些因素的制约。一是居民可支配收入增长仍将抑制消费增长。2018 年第 1 季度全国居民人均可支配收入实际同比增长 6.6%，涨幅较上年同期下降 0.4 个百分点，延续了下滑趋势，将继续限制消费增长的幅度。二是前期房价上涨带来的城镇居民杠杆率增加，可能对消费形成一定的挤出效应。2018 年第 1 季度，全国城镇居民人均消费支出累计实际同比增长为 3.4%，同比涨幅大幅下降 2 个百分点，且低于农村居民人均消费支出 5.4 个百分点，高房价给城镇居民带来较重的债务负担，或将持续影响消费需求。此外，房地产销售持续低迷导致地产类消费增速回落。

3. 出口增速或将放缓

年内我国出口增长存在很大的不确定性。一是中美贸易摩擦的程度存在不确定性，未来部分出口商品的关税将大幅提高，或对我国出口增长短期产生冲击。二是欧元区和日本经济增速或边际放缓，将出口产生不利影响。5 月，欧元区和日本制造业 PMI 皆出现下滑，预示经济增速将有所减缓，有可能削弱出口的外部需求。三是欧元区政治风险增加。近期，意大利新总理发表民粹讲话，加剧了意大利国内政治动荡的风险，显著增加了欧元区经济增长的不确定性，不利于我国出口的稳定增长。此外，部分经济体在贸易摩擦、地缘政治风险等影响下，经济走势存在不确定性，也会对我国出口增长形成制约。

一些因素也有利于出口增长的稳定。一是全球经济仍将延续温和增长态势，有利于出口增长。5 月的摩根大通全球综合 PMI 为 54%，高于 4 月 0.1 个百分点，预示全球经济增长仍然具有一定韧性。二是新兴经济体或继续为出口增长提供支撑。目前，新兴经济体增长仍然延续了回暖的态势，随着我国与"一带一路"倡议沿线国家、东盟成员国等新兴经济体之间经济合作进一步加强，出口增长空间或将进一步扩大。

4. 宏观政策将有助于总需求稳定增长

2018 年的财政政策仍将保持积极的政策取向，且更加重视聚力增效，通过优化财政支出结构，加大对三大攻坚战的支持，更多向创新驱动、"三农"、民生等领域倾斜。下半年，尽管财政整顿力度仍将继续维持，限制了地方政府财政资金来源，但在"开前门、堵后门"的原则下，在进一步规范地方政府的违规举债行为的同时，增加地方政府合规的债务融资渠道。

货币政策将紧紧围绕服务实体经济、防控金融风险、深化金融改革三项任务，创新和完善金融宏观调控，继续保持稳健中性，为供给侧结构性改革和高质量发展营造中性适度的货币金融环境。虽然金融严监管将进一步驱动表外融资回流，但也将通过综合运用货币政策工具，来维持银行体系流动性合理稳定，并用好差别化准备金率、差异化信贷政策，引导资金更好地服务实体经济。

总体来看，消费增速可能维持相对稳定的增长，而固定资产投资和出口增速皆存在小幅下滑的可能，总需求有可能继续放缓。在这样的背景下，下半年积极的财政政策和稳健中性的货币政策会有助于价格水平的总体稳定。

（二）国际大宗商品价格将处于震荡走势

2018年初至今，原油价格延续了2017年6月下旬以来的震荡走高行情，但受供需基本面以及地缘政治等因素的影响，原油价格继续上涨的动能不足，仍将呈现震荡态势。一是欧佩克和俄罗斯可能增产以填补供需缺口，将抑制原油价格上涨。欧佩克和俄罗斯自2017年1月的原油减产是前期原油价格上涨的主要驱动力。欧佩克成员国于2018年6月22日在维也纳举行的石油部长会议上达成一致，决定从下个月起增加原油日产量。二是美国页岩油产能的提高将继续抑制石油价格的过快上涨。截至6月8日当周，美国页岩油活跃钻井数继续增加，达到862座，远高于上年同期的741座。EIA预测美国页岩油产量将再创新高。不过，地缘政治风险频发，一定程度上可能影响原油供应。由于委内瑞拉的经济螺旋式下滑、美国重新制裁伊朗，预计两国的原油产量将继续下滑，抑制原油价格的回落程度。

预计其他大宗商品价格走势出现分化。在黑色金属方面，铁矿石价格由于国际矿商的生产成本及运输费用等条件的限制，继续回落的空间有限。在有色金属方面，铜镍铝等工业类大宗商品的库存偏低，需求随着多国经济的复苏、经济增长内生动力增强而提升，价格有望进入新一轮的上涨周期。

此外，贸易摩擦可能会推高大宗商品价格。美国于2018年5月31日宣布不再延长对欧盟、加拿大和墨西哥的钢、铝产品关税豁免期限，从2018年6月1日开始对其钢、铝产品分别征收25%和10%的关税。对此，欧盟成员国已一致同意采取反制措施，将进一步推升钢、铝产品价格。不过，美国经济继续复苏、如期加息，将推动美元指数阶段性反弹,抑制以美元标价的大宗商品价格上行。

总体来看,以原油为代表的大宗商品上涨动力有限,4 月、5 月影响 CPI 和 PPI 的输入性通胀对价格水平的影响或将有所缓解。

(三) CPI 增长仍可能维持温和水平

1. 食品价格有望止跌回升,对 CPI 拖累作用减弱

预计猪肉价格短期内跌幅收窄,年内有可能回升。从需求端看,猪肉需求总体仍将维持相对平稳增长态势,不具备支持猪肉价格持续大幅上涨的条件。2018 年 7 月、8 月为传统的猪肉需求淡季,2018 年 9 月之后猪肉季节性需求将有所上升,或将对猪肉价格稳定提供一定支撑。从供给端看,猪肉价格存在上涨的可能。一是先行指标能繁母猪存栏量延续前期趋势,继续下滑,跌至 2018 年 5 月的 3285 万头;生猪存栏量也自 2017 年 4 月一路下滑至 2018 年 5 月的 32997 头,根据生猪的生长周期判断,未来猪肉供应可能相对趋紧,推高猪肉价格。二是全国大中城市的猪粮比自 2018 年 3 月下旬至今持续低于 6 的盈亏平衡点,市场在短时间内可能自发去产能,以减少猪肉供应进而带动猪价回升。不过,由于供给端结构的优化,多数规模猪场仍以结构调整为主,淘汰高胎次母猪,同时购进优质后备母猪,产能潜力仍在,使猪肉供给大幅收紧的可能性不大。数据显示,22 个省市平均仔猪价格已从 5 月 11 日的近年低点 21.66 元/千克回升至 6 月 8 日的 23.37 元/千克,这表明养殖户补栏积极性提升,未来猪肉供给大幅缩减的可能性较小。

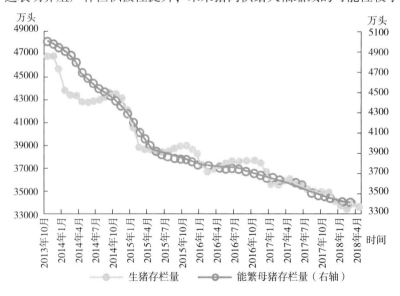

数据来源:Wind。

图 2 - 32 生猪和能繁母猪存栏变化情况

鲜菜价格受季节性、气候因素影响，或将波动上涨。从季节性因素看，预计进入第3季度以后，菜价可能上涨。高频数据显示，截至2018年6月10日，寿光蔬菜价格指数为111.96，出现短期回升。由于天气、储存等因素，鲜菜价格年内出现波动，但对CPI总体影响不大。

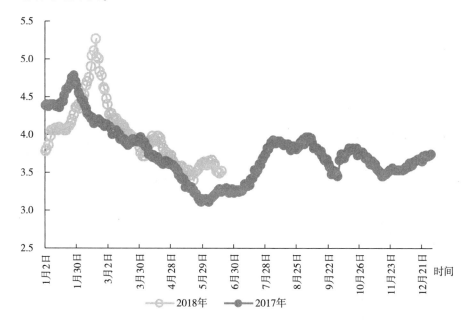

数据来源：Wind。

图2-33 农业部28种重点监测蔬菜平均批发价格指数变化情况

粮食价格可能小幅上涨。从主要粮食作物看，玉米价格上涨幅度不大。2017年末我国的玉米库存为24651万吨，库存消费比超过80%。2018年由于东北地区大豆生产者补贴高于预期、部分玉米主产区干旱较重等因素影响，玉米产量可能出现下滑。在国际方面，预计全球玉米产量受阿根廷减产预期、美国新季玉米播种面积减少超出市场预期、其玉米主产区天气恶劣等因素的影响有所下降。需求随着美国玉米燃料乙醇量、欧盟和中国玉米饲料消费增长而快速增加，价格存在上行压力。

小麦价格可能小幅上涨。2018年国内小麦虽由于河南北部、山东西部、河北北部等地遭遇"倒春寒"导致的减产，短期推高了价格。但政策性小麦拍卖底价下调引起市场短期供应量增加，缓解了价格上行的幅度。在国际市场小麦丰收，库存继续增长，预计供给宽松将抑制小麦价格上涨。据联合国粮农组织FAO预测，2018/2019年度全球小麦产量7.57亿吨，同比减少0.3%；消费量7.36亿吨，同比增加0.3%，产大于需2100万吨；期末库存2.72亿吨，同比增加7.9%。

大豆价格涨幅或将扩大，并引起相关产品价格上涨。我国大豆对外依存度较高，加之库存过低（2017年末为613万吨，占消费量的5.46%，低于往年），其价格受国际大豆价格走势影响较大。预计年内大豆价格涨幅扩大。一是国际大豆价格可能由于阿根廷天气持续干旱、美国大豆产量和库存下降而继续维持高位。根据海关总署数据，2018 年 1—5 月，我国进口大豆数量达 3616.7 万吨，与上年基本持平，而 5 月进口大豆平均价格同比上涨 4.98%。二是中美贸易摩擦或将推升国内从美国进口的大豆价格。6 月 15 日美国总统特朗普决定对中国价值 500 亿美元的产品征收 25% 的关税。作为回应，国务院关税税则委员会发布公告决定，对原产于美国的 659 项约 500 亿美元进口商品加征 25% 的关税，其中，对农产品、汽车、水产品等 545 项约 340 亿美元商品自 2018 年 7 月 6 日起实施加征关税，国内市场从美国进口的大豆价格涨幅可能扩大。三是中美贸易摩擦将赋予巴西更强的大豆定价权。美国、巴西和阿根廷生产了全球逾 80% 的大豆，我国进口大豆主要来自巴西和美国。在我国大豆自产规模有限的情况下，中美贸易摩擦可能导致国内从美国进口减少，这可能引起从巴西进口大豆价格上涨。

综合而言，食品价格或将呈现上升态势。猪肉价格的跌幅收窄，或将出现季节性回升，对食品价格的拖累作用将减弱。年内鲜菜价格可能出现波动，但总体上对食品价格的影响不大。而粮食价格可能有所上涨，由贸易摩擦导致的不确定性或将传导至下游肉类和食用油价格，影响国内通胀。

2. 预计非食品价格仍将维持平稳上涨

2016 年以来服务价格持续增长较快，主要是消费结构变化以及人口结构变化导致的服务需求增长超过供给，这是中长期影响因素。与此同时，价格改革，特别是医疗改革，是近两年推升非食品价格的主要短期因素。预计年内非食品价格仍将维持平稳上涨态势。一是中长期因素引起的居民旅游、文化、教育等高端服务消费需求，仍将拉动服务类价格上升。服务业价格将依旧是非食品价格涨幅的主要支撑，其同比涨幅大于非食品价格涨幅。2017 年就业人员规模同比增加 5%，显著低于上年的 20%。在就业人数增长显著放缓背景下，求人倍率回升至 2017 年 12 月的 1.22，工资黏性导致服务业价格易涨难跌，将对非食品价格形成滞后的上涨压力。劳动、技术等要素价格上涨，仍将在中长期推动非食品价格上涨。二是随着人口老龄化加剧导致医疗保健服务的需求继续上升，加之价格改革的落实，医疗服务价格仍有提升空间，但 2017 年医疗服务价格上涨明显，形成了高基数效应，2018 年涨幅可能由于基数效应而收窄。三是预计油价波动将持续推动交通、燃料等相关价格上涨，但涨幅收窄。2018 年 4 月、5 月受原油价格上涨及受国内成品油调价影响，交通工具用燃料价格及居住类水电燃料价格增速较高，考虑到未来原油价格可能处于震荡态势，交通工具用燃料价格及居住类水电燃料价格环比增速可能收窄，同比增幅受基期因素的影响可能 6 月有所扩大，然后收窄。

贸易对非食品价格的影响存在不确定性。一方面，进口商品价格上升将一定程度上造成输入性通胀。从制裁清单看，汽车是我国拟加征关税的金额较多的非食品类商品。不过，我国在5月的博鳌论坛中宣布将降低汽车进口关税，从美国的进口汽车将更多地被欧日品牌汽车替代，价格上涨空间有限。另一方面，贸易战可能导致外需显著下降，形成整体需求减少和供大于求的局面，对国内物价造成通缩压力。

总体而言，年内非食品价格增速可能仍然保持相对稳定，是CPI保持温和上涨的重要支撑。

（四）供给端对中上游工业品价格的影响可能减弱，预计PPI同比涨幅波动收窄

从供给端来看，部分行业的供给回升，且污染治理的边际效应可能减弱，供给端支撑PPI上涨的动能不足。一是部分工业品价格的上涨以及工业企业利润持续增长，将助推优质产能加快释放，也将减弱去产能对供给端的影响。随着钢铁价格上涨，全国高炉开工率上升至6月上旬的71.41%，处于年初以来较高水平，钢铁行业供给明显回升。二是去产能对价格的冲击可能减弱。近日，工信部等多部委组成十个督察组对各地淘汰落后产能工作进行督导检查，同时钢铁行业化解过剩产能、防范"地条钢"死灰复燃专项抽查也通过8个组在21个省（区、市）展开，此外也有多个省份已经公布了2018年去产能目标。总体来看，2018年去产能工作将继续推进，但考虑到政府工作报告中的去产能目标较2017年有所下降，且中央部委督查的主要目的是巩固前期成果，各地去产能压力实际上有所减小，对部分工业品供给的边际影响也在减弱。三是环保治理、督查政策在下半年继续发力，使主要工业品原材料供给端一定程度上收缩，但其影响可能弱于上年，对PPI的冲击减弱。环保严监管将成为常态，但边际影响或趋于稳定。2018年环保督查工作仍将继续推进，6月初，第一批中央环保督查"回头看"已进驻10个省（区），重点对环保整改任务的落实情况进行督查。同时，生态环境部于6月11日启动2018—2019年蓝天保卫战重点区域强化督查，范围包括京津冀及周边"2+26"个城市、汾渭平原11个城市、长三角地区。但随着企业环保意识逐渐加强，很多企业已经通过转型升级达到环保标准，重新开工复产，环保治理对供给的边际影响趋于减弱。四是原油价格在国际供应方的多头博弈下进一步上涨的空间有限，将呈现震荡走势，原油价格对PPI拉升作用趋弱。不过，原材料库存下降或在短期内对工业品价格形成一定的支撑。3月以来，兰格钢铁库存指数持续下降，6月8日达到99.4，较5月4日下降33.2，显示钢材库存下降较快。考虑到受基础建设投资、房地产投资增速放缓的影响，对中上游相关行业的工业品需求年内或将减弱。供需格局的变化将导致工业品价格有所回调，考虑到基数效应，预计PPI同比涨幅波动收窄。

（五）价格变动趋势预测

1. 预计 2018 年全年 CPI 涨幅为 2% 左右

基于以上分析，根据计量经济模型预测，在没有大的外部冲击的背景下，预计食品价格小幅上涨拉动 2018 年 CPI 回升，全年涨幅为 2% 左右，月度同比涨幅波动性较高。

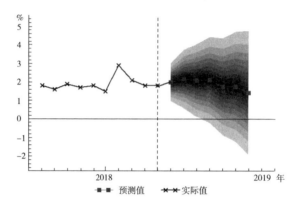

数据来源：2018 年 5 月及之前数据来源于国家统计局，5 月及之后的数据为作者预测。

图 2－34　CPI 同比涨幅预测

2. 预计 2018 年全年 PPI 涨幅为 3% 左右

在前述分析基础上，根据计量模型，在没有大的外部冲击的背景下，中上游工业品供需趋于平衡，PPI 进一步上涨的动力不足，预计年内 PPI 同比涨幅波动回落，全年上涨 3% 左右。

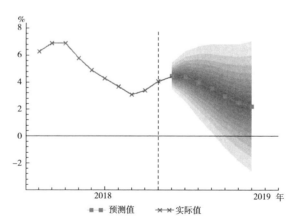

数据来源：2018 年 5 月及之前数据来源于国家统计局，5 月及之后的数据为作者预测。

图 2－35　PPI 同比涨幅预测

第三部分
2018 年第 3 季度价格监测分析

主要观点和结论

  2018 年 6 月以来，价格总体延续温和上涨走势。CPI 同比涨幅扩大，环比上涨加快。食品价格涨幅明显扩大，非食品价格涨幅略有提高。PPI 同比涨幅回落，环比涨幅持续为正。国际油价高位波动，大宗商品价格多数回落。房地产价格环比涨幅有所扩大，股票价格震荡走低，债券收益率总体回升。

  近期总需求稳中趋缓致使价格水平相对稳定。原油价格呈高位震荡态势，带动国内能源、化工等工业品价格上涨。环保治理及去产能继续抑制部分工业品供给，加之房地产投资回升拉动钢铁、水泥等工业品需求，工业品价格持续上涨。主要受供给因素影响，食品价格总体上涨，对 CPI 的拖累作用减弱；前期房价、油价等上涨向下游传导以及租房市场供给格局变化，非食品价格涨幅稳中略升。

  总需求可能呈现放缓态势，需求拉升价格上涨动能不足。预计猪肉供给相对收缩，猪肉价格温和上涨，同比降幅收窄；受灾害因素影响的蔬菜价格将逐步回归正常季节性波动；食品价格对 CPI 的拖累作用减弱。受租金、医疗保健和原油价格的影响，非食品价格将维持平稳增长。在环保治理及去产能的边际影响减弱和投资需求放缓的背景下，预计钢铁、煤炭等工业品价格增长乏力；原油价格可能呈现震荡缓升走势，对 PPI 的影响减弱；考虑到基数效应，年内 PPI 同比涨幅呈现回落态势。预计 2018 年全年 CPI 上涨 2.1% 左右，PPI 上涨 3.5% 左右。

（本部分完成于 2018 年 9 月 24 日）

一、价格形势

2018 年 6 月以来，价格总体延续温和上涨走势。CPI 同比涨幅扩大，环比上涨加快。食品价格涨幅明显扩大，非食品价格涨幅略有提高。PPI 同比涨幅回落，环比涨幅持续为正。国际油价高位波动，大宗商品价格多数回落。房地产价格环比涨幅有所扩大，股票价格震荡走低，债券收益率总体回升。

（一）价格总体延续温和上涨态势

1. 居民消费价格涨幅扩大

CPI 同比涨幅连续 3 个月走高。2018 年 8 月，CPI 同比上涨 2.3%，涨幅比上个月扩大 0.2 个百分点，涨幅已连续 3 个月扩大。其中，8 月剔除食品和能源的核心 CPI 同比上涨 2.0%，涨幅比上个月扩大 0.1 个百分点，延续 3 月以来在 1.9%~2.0% 区间的运行态势。2018 年 1—8 月合计，CPI 累计同比上涨 2.0%，涨幅比上年同期高 0.5 个百分点，比上年全年高 0.4 个百分点；核心 CPI 累计同比上涨 2%，涨幅比上年同期低 0.1 个百分点，比上年全年低 0.2 个百分点。

食品价格涨幅明显扩大。 2018 年 8 月，食品价格同比上涨 1.7%，涨幅比上个月扩大 1.2 个百分点，涨幅连续 3 个月扩大。从细项分类看，8 月畜肉类价格同比下降 2.0%，降幅较上个月缩小 2.9 个百分点。其中，猪肉价格同比下降 4.9%，降幅比上个月缩小 4.7 个百分点。鲜菜价格同比上涨 4.3%，涨幅比上个月扩大 0.5 个百分点。鲜果价格同比上涨 5.5%，涨幅比上个月扩大 5.1 个百分点。水产品价格同比上涨 0.9%，涨幅比上个月扩大 0.8 个百分点。蛋价格同比上涨 10.2%，涨幅较上个月回落 1.5 个百分点。粮食、食用油、奶等价格涨幅变化相对较小。

非食品价格涨幅有所扩大。 2018 年 8 月，非食品价格同比上涨 2.5%，涨幅比上个月扩大 0.1 个百分点，再次触及近年来的高点，延续 2016 年 12 月以来在 2.0% 以上（含）的运行态势。从非食品分类看，8 月衣着、居住、教育文化和娱乐价格涨幅有所扩大，分别同比上涨 1.3%、2.5%、2.6%，涨幅较上个月分别扩大 0.1 个、0.1 个、0.3 个百分点；生活用品及服务、其他用品和服务价格涨幅走势平稳，分别同比上涨 1.6%、1.2%，涨幅均与上个月持平；交通和通信、医疗保健价格涨幅有所回落，分别同比上涨 2.7%、4.3%，涨幅均较上个月回落 0.3 个百分点。

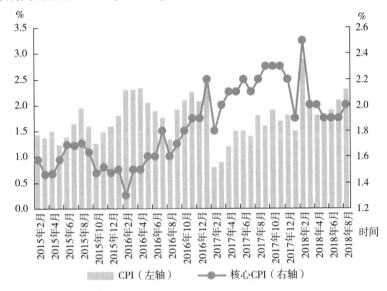

数据来源：国家统计局。

图 3 - 1　CPI 同比上涨情况

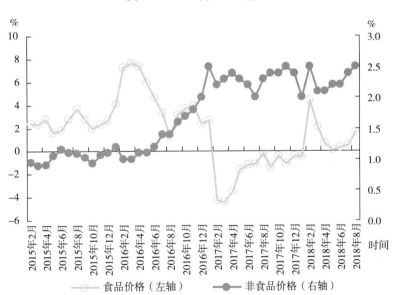

数据来源：国家统计局。

图 3 - 2　食品价格和非食品价格同比上涨情况

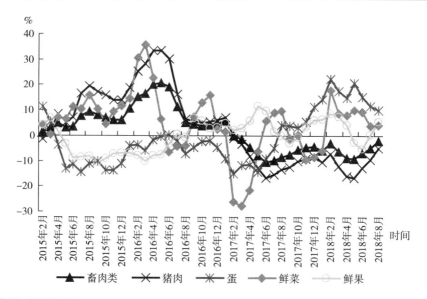

数据来源：国家统计局。

图 3-3　部分食品价格变化情况

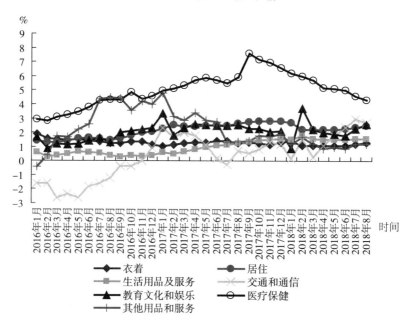

数据来源：国家统计局。

图 3-4　主要非食品价格变化情况

翘尾因素回落，新涨价因素上升。 2018 年 8 月，翘尾因素为 1.0%，较上个月低 0.4 个百分点；新涨价因素为 1.3%，较上个月高 0.6 个百分点。从对 CPI 同比涨幅的贡献度看，8 月翘尾因素的贡献率为 43.5%，较上个月下降 23.2 个百分点，新涨价因素的贡献率为 56.5%，较上个月提高 23.2 个百分点。

CPI 环比上涨加快，连续 3 个月高于历史同期平均水平。 8 月，CPI 环比上涨

0.7%，涨幅比上个月高 0.4 个百分点，自 6 月以来持续高于历史同期平均水平。其中，食品价格环比上涨 2.4%，涨幅比上个月扩大 2.3 个百分点；非食品价格环比上涨 0.2%，涨幅比上个月低 0.1 个百分点。

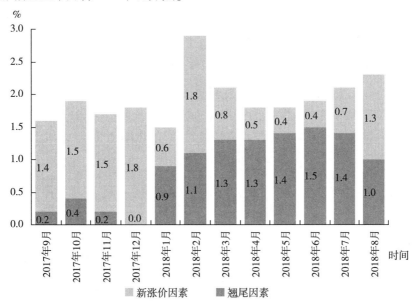

数据来源：国家统计局。

图 3 - 5　翘尾因素和新涨价因素

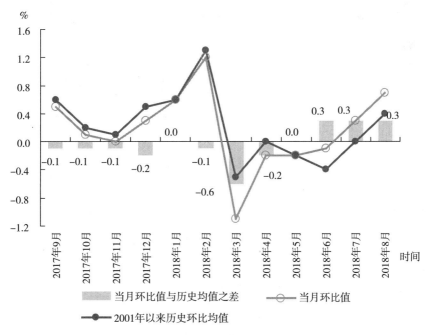

注：2018 年 1 月、2 月对应的历史同期环比值均值分别为春节前一个月和春节所在月均值。

数据来源：国家统计局。

图 3 - 6　CPI 环比与历史均值比较

2. 工业生产者价格涨幅回落

2018 年 8 月，工业生产者出厂价格（PPI）同比上涨 4.1%，涨幅比上个月回落 0.5 个百分点。其中，生产资料价格同比上涨 5.2%，涨幅比上个月回落 0.8 个百分点；生活资料价格同比上涨 0.7%，涨幅比上个月扩大 0.1 个百分点。PPI 环比上涨 0.4%，涨幅比上个月扩大 0.3 个百分点，已连续 4 个月出现环比上涨情形。8 月，翘尾因素约为 3.0%，比上个月低 0.9 个百分点；新涨价因素约为 1.1%，比上个月高 0.4 个百分点。1—8 月合计，PPI 累计同比上涨 4.0%，涨幅比上年同期低 2.4 个百分点，比上年全年低 2.3 个百分点。上游的工业生产者购进价格（PPIRM）的同比和环比走势与 PPI 基本类似。

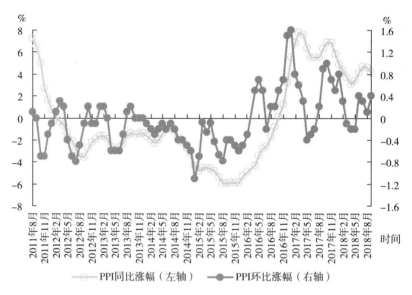

数据来源：国家统计局。

图 3 – 7　工业生产者出厂价格走势

3. 企业商品价格上涨放缓

2018 年 8 月，中国人民银行监测的企业商品价格（CGPI）同比上涨 3.3%，涨幅比上个月回落 0.6 个百分点。其中，农产品价格上涨 0.6%，涨幅比上个月扩大 0.5 个百分点；矿产品价格上涨 3.5%，涨幅比上个月回落 0.5 个百分点；煤油电价格上涨 9.7%，涨幅比上个月回落 1.0 个百分点。

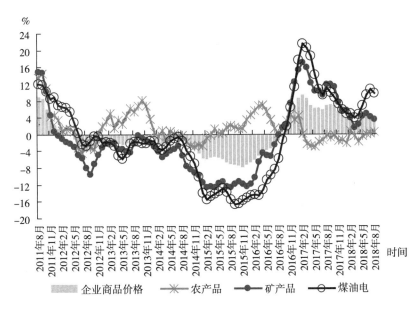

数据来源：中国人民银行。

图3-8 企业商品价格走势

4. 出口涨幅略有上升，进口价格涨幅明显扩大

2018年7月，出口价格同比上涨1.0%，涨幅较上个月扩大0.6个百分点，达到4月以来高点；进口价格同比上涨6.9%，涨幅较上个月扩大2.5个百分点，涨幅连续3个月扩大，达到近10个月高点。

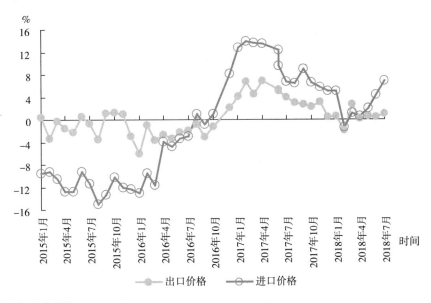

数据来源：海关总署。

图3-9 进出口价格走势

（二）国际大宗商品价格多数回落

1. CRB 商品价格指数震荡走低

经历了 2017 年 6 月下旬以来的上升态势后，CRB 商品价格指数于 2018 年 5 月 23 日达到高点，此后逐渐震荡走低。9 月上旬末，RJ/CRB 商品价格指数为 191.02，较 6 月末下跌 4.7%。

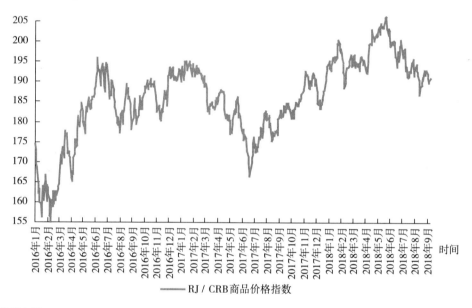

数据来源：Wind。

图 3－10　RJ/CRB 商品价格指数走势

2. 原油价格高位区间波动

自 5 月下旬开始，国际油价基本结束了 2017 年 6 月下旬以来的震荡走高行情，维持高位区间波动态势，布伦特原油期货价格和 WTI 原油期货价格分别在每桶 70～80 美元和 65～75 美元范围内波动。9 月上旬末，布伦特原油期货价格和 WTI 原油期货价格分别为每桶 77.37 美元和 67.54 美元，较 6 月末分别下跌 2.6% 和 8.9%。

3. 铁矿石价格略有上行

普氏铁矿石价格（62% Fe：CFR 中国北方）由 2 月下旬每吨约 80 美元下跌至 3 月下旬每吨约 63 美元后，总体呈现窄幅波动态势，7 月中旬以来波动中枢出现抬升迹象。9 月上旬末，普氏铁矿石价格（62% Fe：CFR 中国北方）为 68.55 美元/吨，较 6 月末上涨 6.4%。

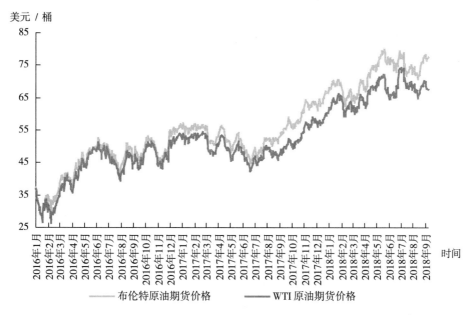

数据来源：Wind。

图 3 - 11 国际原油期货价格走势

数据来源：Wind。

图 3 - 12 铁矿石价格走势

4. 主要有色金属价格下跌

铝和铜价格先后于 4 月下旬和 6 月中旬分别进入较快下跌通道，7 月中旬以来跌势趋缓。9 月上旬末，LME 铝和铜价格分别为每吨 2057. 25 美元和 5891. 50 美元，较 6 月末分别下跌 4. 5% 和 11. 1% 。

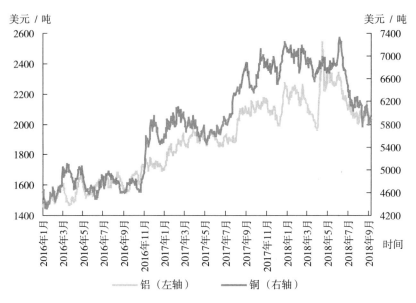

数据来源：Wind。

图 3 – 13　LME 铜和铝价格走势

5. 主要农产品价格总体下行

2018 年 6 月以来，CBOT 大豆、玉米、稻米期货价格总体仍延续了 3 月以来的下跌走势，其中大豆、玉米期货价格于 7 月中旬有所反弹，8 月上旬再次下跌，稻米期货价格于 8 月中旬出现反弹；小麦期货价格则经历了下跌—快速反弹—下跌走势。9 月上旬末，CBOT 大豆、玉米期货价格较 6 月末分别下跌 4. 0% 、1. 1% ；稻米期货价格较 6 月末下跌 2. 5% ，较 8 月 14 日低点上涨 7. 2% ；小麦期货价格较 6 月末上涨 5. 2% ，较 8 月 6 日高点下跌 11. 6% 。

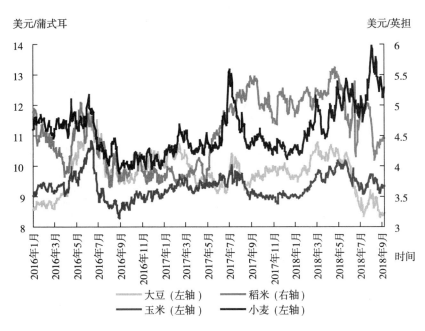

注：图中大豆、玉米、小麦价格单位为美元/蒲式耳，稻米价格单位为美元/英担。

数据来源：CEIC。

图3-14　CBOT粮食价格走势

（三）资产价格有涨有跌

1. 房地产价格环比涨幅有所扩大

从70个大中城市看，据国家统计局初步测算，一、二、三线城市房地产价格环比涨幅总体有所扩大。8月，从新建商品住宅看，一线城市价格环比上涨0.3%，涨幅比上个月扩大0.1个百分点；二线城市价格环比上涨1.3%，涨幅比上个月扩大0.2个百分点；三线城市价格环比上涨2.0%，涨幅比上个月扩大0.5个百分点。从二手住宅看，一线城市价格环比由上个月上涨0.2%转为持平；二线城市价格环比上涨1.3%，涨幅比上个月扩大0.3个百分点；三线城市价格环比上涨1.4%，涨幅比上个月扩大0.3个百分点。

从15个热点城市看，8月，新建商品住宅销售价格环比下降的城市有1个，比上个月减少1个；持平的2个，与上个月相同；上涨的12个，增加1个，最高涨幅为3.4%。

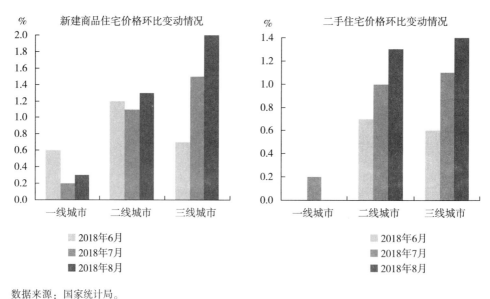

数据来源：国家统计局。

图 3 - 15　房地产价格环比变动情况

2. 股票价格指数震荡走低

2018 年 6 月以来，股票价格指数延续 1 月下旬以来的回落走势。9 月上旬末，上证综合指数为 2669.48 点，较 6 月末下降 6.2%；上交所平均市盈率为 13.31 倍，下降 5.3%。

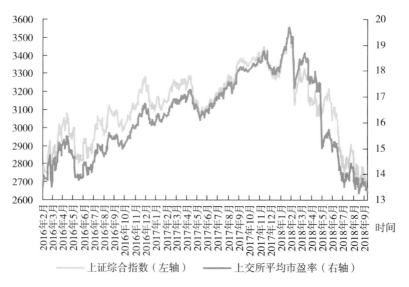

数据来源：Wind。

图 3 - 16　上证综合指数和上交所平均市盈率走势

3. 债券收益率总体回升

2018年6月以来，债券市场收益率水平总体逐渐回落，8月7日达到低点后出现回升。9月上旬末，不考虑隔夜收益率，国债、政策性金融债、企业债（AAA）和中短期票据（AAA）各关键期限点收益率分别较8月7日平均上行23.17个基点、33.65个基点、26.88个基点和29.78个基点。与此同时，债券市场指数经历了先升后降的变化。2018年9月上旬末，中债总净价指数和中债国债总净价指数分别为114.2784和114.5330，较8月7日高点分别下跌1.3%和1.6%。

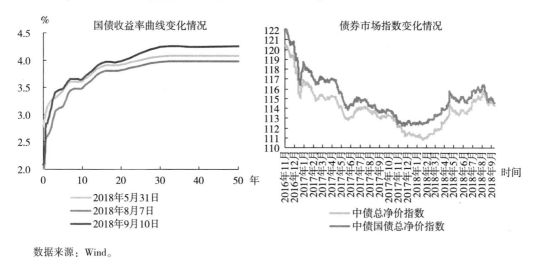

数据来源：Wind。

图3-17 国债收益率曲线和债券市场指数变化情况

二、成因分析

近期总需求稳中趋缓，推升价格上涨的动能不足。原油价格呈高位震荡态势，带动国内能源、化工等工业品价格上涨。环保治理及去产能继续抑制部分工业品供给，加之房地产投资回升拉动钢铁、水泥等工业品需求，工业品价格持续上涨。主要受供给因素影响，食品价格总体上涨，对 CPI 的拖累作用减弱；前期房价、油价等上涨向下游传导以及租房市场供给格局变化，非食品价格涨幅稳中略升。

（一）总需求稳中趋缓

近期投资增速持续放缓，消费增速继续下滑，出口增速有所回升，总需求稳中趋缓，推升价格上涨的动能不足。

1. 投资增速持续放缓

2012 年至今，全国固定资产投资同比涨幅均呈年初高增、此后回落的"前高后低"态势。2018 年 1—8 月，全国固定资产投资累计同比增长 5.3%，增速比上半年下滑 0.7 个百分点，比上年同期下滑 2.5 个百分点，增速为 1992 年以来的最低值。民间固定资产投资增速相对平稳，2018 年 1—8 月累计同比增长 8.7%，增速比上半年回升 0.6 个百分点，比上年同期回升 2.3 个百分点。在基础设施建设投资、制造业投资、房地产开发投资中，基础设施建设投资下降是固定资产投资增速明显回落的主要原因。

房地产开发投资增速回升。 2018 年以来，受土地购置费增速较快、企业补库存意愿上升等因素的影响，房地产开发投资增速回升。1—8 月，房地产开发投资累计同比增长 10.1%，增速比上半年回升 0.4 个百分点，比上年同期上升 2.2 个百分点，其中住宅投资累计同比增长 14.1%，增速比上半年回升 0.5 个百分点，比上年同期上升 4 个百分点。

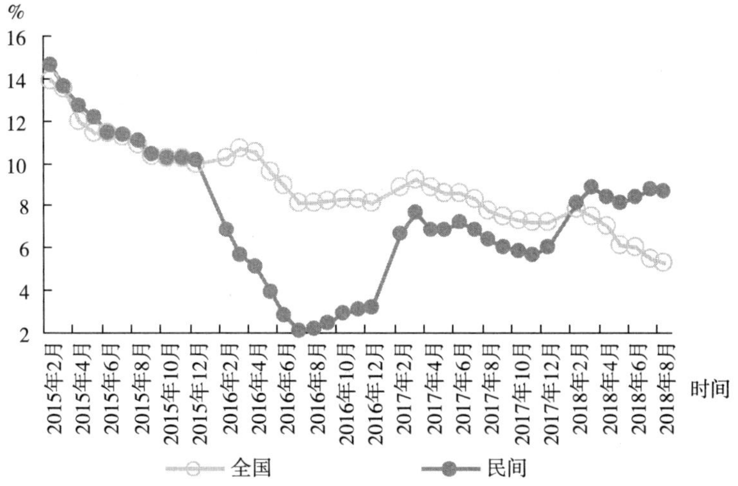

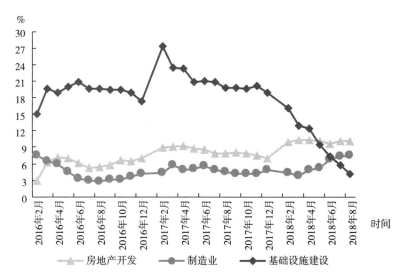

数据来源：Wind。

图 3 – 18　全国及民间固定资产投资累计同比增速变化情况

　　制造业投资增速低位回升。受企业盈利改善等因素的影响，制造业投资增速逐步回升，1—8 月，制造业投资累计同比增长 7.5%，增速比上半年上升 0.7 个百分点，比上年同期上升 3 个百分点。

　　基础设施建设投资增速明显回落。受防控地方政府债务风险、表外非标融资加速收缩、PPP 项目库集中清理以及上年基数较高等因素的影响，基建投资增速明显回落。1—8 月，基础设施建设投资（不含电力、热力、燃气及水生产和供应业）累计同比增长 4.2%，增速比上半年下滑 3.1 个百分点，比上年同期低 15.6 个百分点。

数据来源：Wind。

图 3 – 19　三个领域固定资产投资累计同比增速变化情况

2. 消费增速继续回落

2017 年下半年以来，受商品房销售增速放缓、车辆购置税优惠政策到期等影响，消费增速总体上处于下行态势。2018 年 1—8 月，社会消费品零售总额名义累计同比增长 9.3%，增速比上半年下滑 0.1 个百分点，比上年同期低 1.1 个百分点；实际累计同比增长 7.5%，增速比上半年下滑 0.2 个百分点，比上年同期低 1.8 个百分点。

商品零售增速乏力。从分项看，受商品房销售增速放缓的影响，与居住相关的商品消费增速回落。1—8 月，建筑及装潢材料类商品零售累计同比增长 7.7%，比上半年低 0.4 个百分点，比上年同期下滑 5.4 个百分点；家具类商品零售累计同比增长 10.2%，比上半年高 0.1 个百分点，但比上年同期下滑 2.8 个百分点；家用电器和音像器材类商品零售累计同比增长 8.5%，比上半年低 2.1 个百分点，比上年同期下滑 2 个百分点。汽车类商品零售增速回落，1—8 月累计同比增长 1.3%，比上半年低 1.4 个百分点，比上年同期下滑 4.6 个百分点。

餐饮收入增速放缓。受房租、人工、水电能源等成本上升，以及部分地区开展餐饮业环保专项整治和食品安全检查等因素的影响，2017 年下半年以来餐饮收入增速呈放缓态势。2018 年 1—8 月，餐饮收入累计同比增长 9.8%，比上半年下滑 0.1 个百分点，比上年同期下滑 1.3 个百分点。

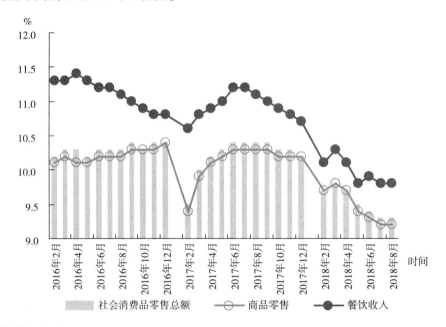

数据来源：Wind。

图 3 - 20　社会消费品零售总额及分项累计同比增速变化情况

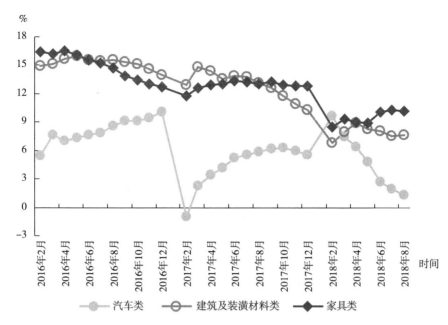

数据来源：Wind。

图 3 - 21　限额以上单位商品零售累计同比增速变化情况

3. 出口增速维持相对高位

伴随全球经济稳步复苏、发达经济体和新兴经济体需求持续回暖，以及中美贸易摩擦导致贸易提前发生，2018 年以来我国出口增速维持相对高位。1—8 月，我国出口金额（美元计价）累计同比增长 12.2%，比上半年回落 0.5 个百分点，比上年同期回升 5.1 个百分点。从贸易方式看，一般贸易表现好于加工贸易，1—8 月，一般贸易出口金额累计同比增长 17.2%，比上半年回落 1.5 个百分点，比上年同期回升 10.9 个百分点。从出口地区看，1—8 月，我国对美国出口金额累计同比增长 13.4%，比上半年回落 0.1 个百分点，比上年同期回升 2.2 个百分点；对欧盟出口金额累计同比增长 11%，比上半年回落 0.6 个百分点，比上年同期回升 2.4 个百分点；对东盟出口金额累计同比增长 17.8%，比上半年回落 0.3 个百分点，比上年同期回升 9.4 个百分点；对日本和中国香港地区出口增速维持相对稳定。

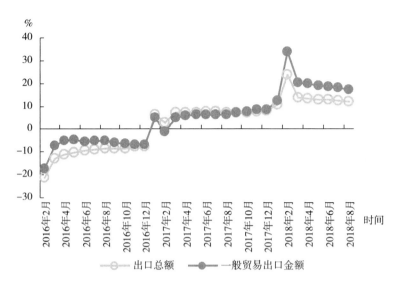

数据来源：Wind。

图 3 - 22　出口总额及一般贸易出口金额累计同比增速变化情况

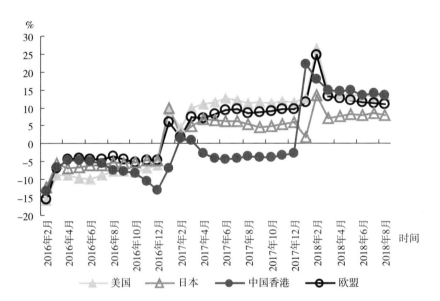

数据来源：Wind。

图 3 - 23　我国对主要贸易伙伴出口累计同比增速变化情况

（二）供给面因素推动工业品价格回升

1. 原油价格高位震荡带动相关产品价格上涨

2018 年以来，受世界经济总体向好、美国页岩油产能持续扩大、地缘政治冲突加剧等多重因素的综合影响，原油价格总体呈高位震荡趋势。2018 年 7 月、8 月，布伦特原油现货价始终处于每桶 68.7～77.7 美元的区间，虽然较 5 月的价格有所下滑，但仍为近年来的高点。原油价格高位运行通过贸易等渠道影响国内能源、化工等相关行业的商品价格，2018 年 7 月、8 月，石油和天然气开采业价格环比分别上涨 1.3% 和 0.8%，同比分别上涨 42.1% 和 39.6%；石油、煤炭及其他燃料加工业价格环比分别上涨 0.9% 和 1.7%，同比分别上涨 24.6% 和 22.7%；化学原料及化学制品制造业，化学纤维制造业等能源、化工行业的商品价格也有不同程度的上涨。

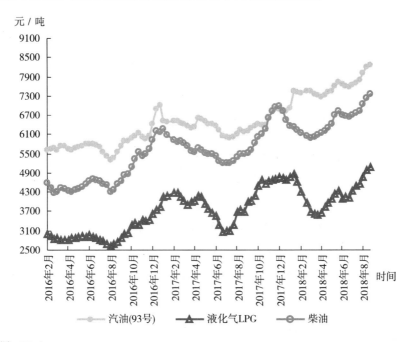

数据来源：Wind。

图 3-24 主要能源化工产品价格变化情况

2. 环保治理及去产能等政策继续影响中上游工业品供给

2018 年以来，污染防治攻坚战加速推进实施，环保核查力度不断加强。7 月 3 日，国务院印发《打赢蓝天保卫战三年行动计划》，明确大气污染防治工作的总体思路、基本目标、主要任务和保障措施，并明确量化指标和完成时限。7 月、8 月，中央环保督察"回头看"行动深入推进，多省市出台限产措施，利用环保、能耗指标考核，处置或关停不达标企业和产能。去产能工作也持续深入推进，截至 8 月中旬，我国已完成压减粗钢产能 2470 万吨，完成了全年 3000 万吨任务的八成。与此同时，作为全国主要钢铁产区，河北省唐山市在 7 月、8 月将重点区域钢铁企业限产比例提高至 50%。

在总需求放缓的背景下，尽管基础建设投资增速持续回落，但房地产企业补库存意愿上升，房地产开发投资增长影响钢铁、水泥等部分工业品的需求。中上游部分工业品供给的相对收缩与需求的稳中有升导致中上游工业价格上涨。7 月、8 月，黑色金属矿采选业价格环比分别上涨 0.2% 和 1.8%，同比分别上涨 3.9% 和 2.3%；黑色金属冶炼和压延加工业价格环比分别上涨 0.5% 和 2.1%，同比分别上涨 12.3% 和 9.5%。

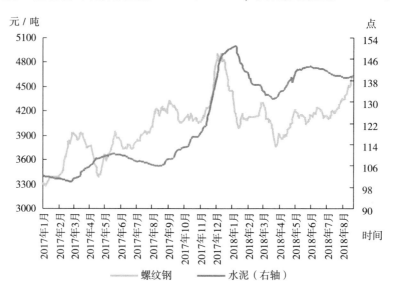

数据来源：Wind。

图 3 – 25　部分建材价格或价格指数变化情况

　　总体来看，受国际原油价格和中上游部分工业品价格上涨的影响，2018 年 7 月、8 月 PPI 环比价格分别为 0.1% 和 0.4%，同比价格分别为 4.6% 和 4.1%。8 月 PPI 同比价格涨幅较 7 月有所回落是上年基期因素所致。据测算，在 7 月 4.6% 同比涨幅中，翘尾因素和新涨价因素分别影响约 3.9 个和 0.7 个百分点；8 月 4.1% 同比涨幅中，翘尾因素和新涨价因素分别影响约 3.0 个和 1.1 个百分点。

（三）供给趋紧推升食品价格上涨

1. 供给相对收缩推动猪肉、蛋类价格上涨

　　2018 年夏季气温较高且持续时间长，生猪生长迟缓，同时局部地区又出现生猪养殖疫情，猪肉市场供应偏紧，导致猪肉价格上涨。2018 年 7 月、8 月，猪肉价格环比分别上涨 2.9% 和 6.5%。受基期因素影响，猪肉价格同比涨幅仍为负，7 月、8 月同比价格分别下降 9.6% 和 4.9%，但同比跌幅比上年同期缩小 5.9 个和 8.5 个百分点。从 22 个省市猪肉平均价走势看，2018 年 8 月下旬价格回升至 20.49 元/千克，比 5 月低点（15.86 元/千克）上升了 4.63 元/千克。

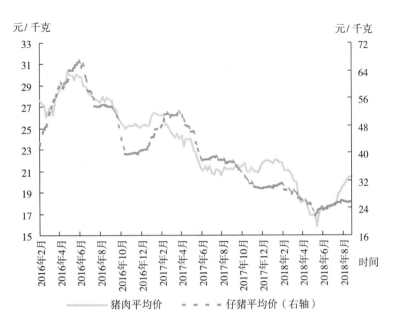

数据来源：Wind。

图3-26 22个省市猪肉、仔猪平均价变化情况

2018年特高温天气影响蛋鸡产蛋率，加之8月蛋类需求增加，导致蛋类价格总体上涨，7月、8月，蛋类价格环比分别上涨0.2%和12%，同比分别上涨11.7%和10.2%，同比涨幅比上年同期分别扩大16.6个和5.9个百分点。

2. 天气因素导致鲜菜价格短期上涨

2018年7月、8月，全国大部分地区持续高温；同时，华北、东北和山东等地受台风残余环流北上影响，遭遇罕见强降雨，鲜菜供给偏紧，部分地区鲜菜价格涨幅较高。从环比看，7月，全国鲜菜价格上涨1.7%，北京、天津、辽宁、山东等地鲜菜价格分别上涨8.1%、5.9%、2.0%和4.7%；8月，全国鲜菜价格上涨9.0%，北京、天津、辽宁、山东等地鲜菜价格分别上涨16.1%、15.2%、29.7%和21.8%。从同比看，受上年同期对比基数较高的影响，鲜菜价格同比分别上涨3.8%和4.3%，涨幅较上半年月均值收窄。

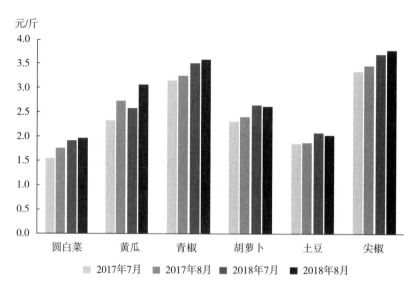

数据来源：国家统计局。

图 3 - 27　36 个大中城市主要鲜菜平均零售价格变化情况

（四）租房市场供需调整、油价传导等推动非食品价格上涨

一方面，前期房价大幅上涨的影响逐步传导至租房市场，房租呈现上涨态势；另一方面，2018 年部分住房租赁企业收购房源，供给端垄断程度增强，导致短期房租上涨。7 月、8 月，租赁房房租价格环比分别上涨 0.4% 和 0.6%，同比分别上涨 2.3% 和 2.6%。

原油价格变化向下游传导，带动相关消费品价格上涨。7 月、8 月，原油价格虽然较 5 月的高点有所回落，但仍为近年来的高点，导致国内成品油价格总体上调。7 月、8 月，国内成品油价格共上调 2 次、下调 2 次，累计上调汽油价格 165 元/吨、柴油价格 160 元/吨。受此影响，7 月、8 月，交通工具用燃料价格环比分别上涨 0.8% 和 0.3%，同比分别上涨 22.2% 和 19.4%；水电燃料价格环比分别上涨 0.2% 和 0.5%，同比分别上涨 2.2% 和 2.3%。

服务成本逐步上涨。用工成本上升影响家庭服务价格上涨，7 月、8 月，家庭服务价格环比各上涨 0.5%，同比分别上涨 5.6% 和 5.9%。此外，伴随医疗价格改革的推进，此前受到管制的医疗服务价格继续上涨，7 月、8 月，医疗保健价格环比分别上涨 0.2% 和 0.4%。但受基期因素的影响，医疗保健价格同比涨幅回落，7 月、8 月同比分别上涨 4.6% 和 4.3%。从 36 个城市医疗服务价格看，7 月、8 月诊疗费价格同比涨幅均超过 30%，注射费、床位费、手术费等价格同比涨幅也超过 10%。

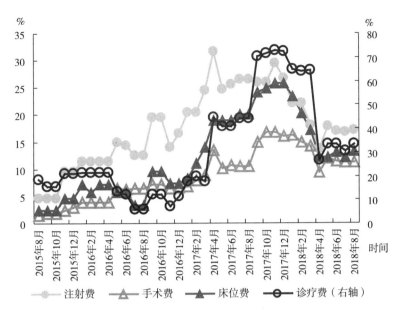

数据来源：Wind。

图 3 – 28　36 个城市医疗服务价格同比变化情况

（五）宏观经济政策有助于价格水平总体稳定

2018 年以来，受防范化解重大风险、优化支出结构等影响，财政政策宽松力度弱于上年同期。2018 年 1—8 月，全国一般公共预算收入累计同比增长 9.4%，其中税收收入累计同比增长 13.4%，超过经济增速及工业增加值增速。全国一般公共预算支出累计同比增长 6.9%，增速比上半年下滑 0.9 个百分点，比上年同期下滑 6.2 个百分点。分项目看，与传统基建投资相关的财政支出增速下滑明显，交通运输支出累计同比下降 0.8%，增速比上半年下滑 1.3 个百分点，比上年同期下滑 7 个百分点；城乡社区事务支出累计同比增长 5.2%，增速比上半年下滑 0.3 个百分点，比上年同期下滑 8.1 个百分点。更为重要的是，受防控地方政府债务风险、融资监管趋严等因素的影响，地方政府的基础设施建设投资增长放缓，抑制了部分中上游工业品价格上涨。

2018 年以来，稳健中性的货币政策为供给侧结构性改革和高质量发展营造了适宜的货币金融环境。一是银行体系流动性合理充裕，货币信贷和社会融资规模平稳增长。8 月末，广义货币（M_2）余额同比增长 8.2%，增速比 6 月末高 0.2 个百分点。本外币贷款余额同比增长 12.8%，增速比 6 月末高 0.7 个百分点；人民币贷款同比增长 13.2%，增速比 6 月末高 0.5 个百分点。社会融资规模存量同比增长 10.1%，增速比 6 月末低 0.4 个百分点。二是市场利率中枢适当下行。2018 年 7 月、8 月，市场利率（1

周 SHIBOR）基本上运行在 2.3% ~ 2.9% 的区间内，较上半年有所下行。2018 年 8 月同业拆借加权平均利率为 2.29%，分别比上月末和上年同期低 0.18 个和 0.67 个百分点；质押式回购加权平均利率为 2.25%，分别比上月末和上年同期低 0.18 个和 0.84 个百分点。

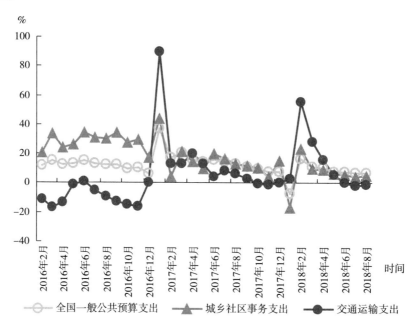

数据来源：Wind。

图 3 - 29　财政支出累计同比涨幅变动情况

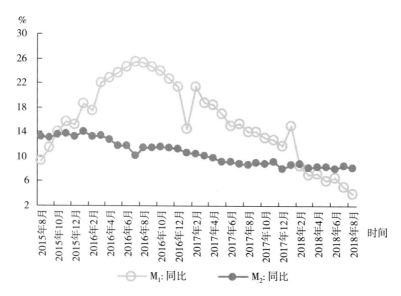

数据来源：Wind。

图 3 - 30　M₁ 和 M₂ 同比涨幅变动情况

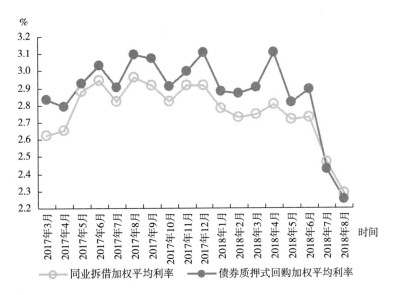

数据来源：Wind。

图 3 − 31　同业拆借加权平均利率和债券质押式回购加权平均利率走势

三、趋势展望

　　总需求呈现放缓态势，物价上涨动能不足。伴随猪肉供给相对收缩，预计猪肉价格温和上涨，同比降幅收窄；受灾害因素影响的蔬菜价格将逐步回归正常季节性波动；食品价格对 CPI 的拖累作用减弱。受租金、医疗保健和原油价格的影响，非食品价格将维持平稳增长。在环保治理及去产能的边际影响减弱和投资需求放缓的背景下，预计钢铁、煤炭等中上游工业品价格增长乏力；原油价格可能呈现震荡缓升走势，对 PPI 的影响减弱；考虑到基数效应，年内 PPI 同比涨幅呈现回落态势。预计 2018 年全年 CPI 上涨 2.1% 左右，PPI 上涨 3.5% 左右。

（一）总需求存在下滑压力

1. 先行指标显示经济增长或将放缓

　　宏观经济先行指标"克强指数"、中采 PMI 以及财新中国 PMI 指数显示经济增长可能有所放缓。作为宏观经济先行指标的"克强指数"8 月为 10.54%，较上月回升 1.14 个百分点，但低于 6 月 0.08 个百分点，且低于 5 月 2.42 个百分点。8 月中采 PMI 为 51.3%，略高于上月 0.1 个百分点，但低于 6 月 0.3 个百分点。财新 PMI 继续延续了下滑态势，8 月为 50.6%，为年内最低点。

　　从中采 PMI 各分项指标看，8 月制造业供需两端出现一定分化。在供给端，生产指数为 53.3%，较上月回升 0.3 个百分点，显示生产积极性略有回升。在需求端，新订单指数为 52.2%，较上月回落 0.1 个百分点，且已连续 3 个月回落，表明内需增长有所减弱；新出口订单指数为 49.4%，较上月回落 0.4 个百分点，表明外需增长势头减弱。

　　此外，8 月非制造业商务活动 PMI 为 54.2%，较上月回升 0.2 个百分点，较 6 月下滑 0.8 个百分点，仍然处于波动态势，显示结构调整仍在进行过程中。其中，建筑业指数为 59%，较上月大幅下滑 0.5 个百分点，建筑业扩张速度有所放缓；服务业指数为 53.4%，较上月回升 0.4 个百分点，表明服务业发展势头有所改善。

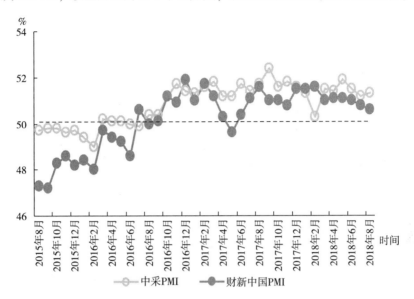

数据来源：Wind。

图 3 - 32　中采 PMI、财新中国 PMI 变化情况

2. 固定资产投资增速或触底企稳

基建投资增速或将低位企稳。7 月末召开的中共中央政治局会议和国务院常务会议均强调财政政策要在扩大内需和结构调整上发挥更大作用，年内更加积极的财政政策或将有所发力，基建投资增长可能有所改善。一是地方政府专项债券发行节奏将加快。8 月财政部出台《关于做好地方政府专项债券发行工作的意见》，明确要求各地加快专项债券发行进度，将为基建投资增长提供资金支撑。二是经过前期的逐步清理，PPP 项目质量大幅提高，落地率持续保持较高水平，未来将以更加规范的方式加快发展。三是与 2012 年至 2017 年的情况不同，2018 年 1—8 月财政收入增速一直高于财政支出增速，在预期经济增速放缓背景下，财政支出可能进一步增加。此外，政府土地出让收入仍将保持高速增长，也为基建投资提供了资金支撑。

但基建投资增速上升的空间有限。一是为了防范和化解地方政府债务风险，在"开前门、堵后门"整顿原则下，财政部将继续规范地方政府举债融资行为，这将抑制地方政府的基建投资增长。二是在金融防风险的背景下，针对金融机构通道业务的监管不断加强，并且严禁政策性、开发性金融机构的资金违规投向地方政府和国有企业，将减少基建资金的来源渠道，不利于基建投资增速回升。三是 2013 年至 2017 年基建投资一直维持高速增长态势，其对经济增长和经济效率的边际效应有所减弱，更加积极的财政政策的侧重点可能有所变化。

房地产投资增长在短期内仍可能保持一定程度的韧性。随着房地产去库存工作的顺利推进，商品房待售面积持续大幅下降，较低的房地产库存和房价上涨或将刺激房地产企业的投资意愿。部分房价上涨压力大的城市仍将继续增加住宅用地供给，为房地产开发投资增长提供支撑。从先行指标看，新开工面积近期一直处于上升态势，2018 年 1—8 月增长 15.79%，增幅较 1—7 月提高 1.5 个百分点。1—8 月 100 个大中城市住宅类用地的成交土地数量累计 2907 宗，较上年同期增加 358 宗；成交土地占地面积 15381.39 万平方米，较上年同期增加 2617.06 万平方米。此外，为增加住房供应渠道，各地积极发展住房租赁市场，不断加快租赁房项目建设，也助推房地产投资增长。

一些因素或将抑制房地产投资增长。一是房地产市场调控政策继续升级。7 月末召开的中共中央政治局会议提出，整治房地产市场秩序，坚决遏制房价上涨。8 月 70 个大中城市新建商品住宅销售价格环比涨幅比上月都有所扩大，有可能助推调控政策进一步升级。二是棚改货币化安置的刺激作用边际减弱。近期住建部发布新政策，要求商品住房库存不足的地方，应及时调整棚改安置政策，将减少货币化安置比例。此外，上半年全国棚户区改造已开工 363 万套，占 2018 年目标任务的 62.5%，未来棚改政策的拉动作用存在边际减弱的可能。三是随着房地产融资监管政策的陆续出台，资金来源渠道不断收窄，房地产企业融资难度进一步提高，将持续抑制房地产投资增长。

预计制造业投资增速继续回升。诸多有利因素仍将支持制造业投资增长。一是减税降费政策持续升级，将刺激制造业投资意愿。8 月末，国务院常务会议要求已定和新定的各项减税降费政策要尽快落实到位，并决定再推新举措减轻企业税负超过 450 亿元。此外，《广东省降低制造业企业成本支持实体经济发展的若干政策措施（修订版)》于近日印发，以降低税收负担和各项成本等方式支持制造业发展，或将带动其他省份出台类似政策，支持各地制造业投资增长。二是制造业产能利用率和利润同比增速皆维持高位，将提升制造业企业投资积极性，支持制造业投资增长。三是工业机器人、集成电路、新能源汽车等高端制造业将继续保持高速发展，为制造业投资增速提供新的支撑。1—8 月，高技术制造业投资增长 12.9%，增幅较全部制造业投资高 7.6 个百分点，将继续引领制造业投资增长。但在中美贸易摩擦升级背景下，部分出口型制造业企业将受到影响，拖累制造业投资增速回升，去产能和环保严监管仍将继续，或抑制部分传统制造业投资增长。

3. 消费增速或将维持相对平稳

消费增速仍存在继续放缓的可能。一是在经济增长放缓的背景下，居民人均可支配收入增速较低，制约了消费增长。2018 年上半年全国居民人均可支配收入累计实际同比增长 6.6%，较上年同期下降 0.7 个百分点，居民收入增长乏力，抑制了居民消费增长。二是前期房价大幅上涨导致城镇居民负债增加，近期股市低迷、P2P "暴雷" 又带来部分居民财富缩水，也将制约居民消费能力提升。三是房地产调控政策升级将继续抑制房地产销售增长，不利于扩大家具、家电、建筑装潢类等商品的消费。四是前期的车辆购置税优惠政策透支了汽车消费，预计未来汽车销售增长乏力。

不过，部分因素仍支撑消费平稳增长。一是基于互联网、大数据和移动支付等先进技术打造的网上零售新模式，大幅提升了消费者的便利性，将继续带动消费增长。二是随着消费观念的改变以及信用消费习惯的养成，对高端消费品的有效需求得以提升，有望为消费增长提供新的支撑。三是随着个人所得税起征点的提高，以及教育、医疗等方面税收专项附加扣除的实施，将提升居民购买能力，有助于消费需求增长。

4. 预计出口增速下行

促进出口增长的动能弱化。一是中美贸易摩擦升级，将加剧出口增长的不确定性。近日，特朗普宣布，自 2018 年 9 月 24 日起，对 2000 亿美元的中国输美产品加征 10% 的关税，并将于 2019 年 1 月 1 日上调至 25%，导致中美贸易摩擦进一步升级。贸易摩擦对相关出口产品的影响将逐步显现，叠加前期 "抢出口" 带来的高基数，或对出口增长形成制约。二是世界经济复苏势头或边际放缓。8 月，摩根大通全球综合 PMI 为 53.4，较上月回落 0.3，为年内次低点，预示全球经济增速将有所放缓，或对我国出口增长产生不利影响。三是随着国内劳动力成本不断上涨，传统劳动密集型制造业的竞争优势逐渐削弱，导致相关企业出口增速下滑，将继续拖累出口增长。此外，贸易保护主义、地缘政治风险等因素也给我国出口带来了不确定性，制约出口增长空间。

不过，也有部分因素缓解出口下行的程度。国家税务总局与财政部联合印发《关于提高机电、文化等产品出口退税率的通知》，自 9 月 15 日起提高 397 种机电、文化等产品增值税出口退税率，在一定程度上将刺激企业出口意愿。此外，伴随我国与 "一带一路" 沿线国家、金砖国家、东盟成员国以及非洲国家之间的经贸合作不断加强，对这些经济体的出口或将增长，有望成为新的出口增长点。

5. 宏观政策有利于稳定总需求

当前经济形势面临一些新问题、新挑战，7 月的中共中央政治局会议和国务院常务会议指出，要发挥财政金融政策作用，采取针对性强的措施，支持扩内需调结构，促进实体经济发展。

积极的财政政策更积极。 一是通过加快地方政府专项债券的发行和使用进度，助力基建投资增速回升；通过提高机电、文化等产品的出口退税率，缓解出口贸易压力；通过调整个人所得税，促进消费。二是本轮减税降费的重点在中小企业，包括企业研发费用加计扣除减税、所得税优惠政策范围扩大、对金融机构向小型企业、微型企业和个体工商户发放小额贷款取得的利息收入免征增值税等，通过缓解其资金压力，推动整体经济高质量发展。

货币政策稳健中性。稳健中性的货币政策将根据形势的变化有针对性地适时适度预调微调，注重稳定和引导预期，保持市场流动性合理充裕，优化融资结构和信贷结构。从第 3 季度看，银行间市场利率中枢有所下行，市场流动性合理充裕；同时，伴随货币政策工具的综合运用以及传导机制的进一步疏通，流动性向实体经济的转移将更加顺畅，市场短期利率或将维持适度水平，广义货币 M_2、信贷和社会融资规模合理增长。

（二） 预计 CPI 同比涨幅稳中有升

1. 食品价格维持上涨态势

预计猪肉价格温和上涨，同比降幅继续收窄。从供给端看，一是先行指标显示供给将下滑。根据农业部发布的监测数据，截至 2018 年 7 月，全国能繁母猪存栏量 3180 万头，环比下降 1.9%，表明生猪产业去产能仍在继续，根据生猪生长周期判断，年内猪肉供需缺口将会继续收紧，推动猪肉价格继续回升。二是猪瘟疫情可能对供给端产生影响，年内供给收缩趋势不变。从需求端看，猪肉需求仍将保持相对平稳。由于猪瘟并不向人体传染，对猪肉需求影响不大。9 月后天气转凉叠加中秋国庆假期，猪肉季节性需求将会增加，对价格形成一定支撑。总的来看，年内猪肉供需缺口将继续收窄，猪肉价格仍将维持温和上涨，考虑基数因素，预计年内猪肉价格同比降幅收窄，对食品价格的拖累作用继续减弱。

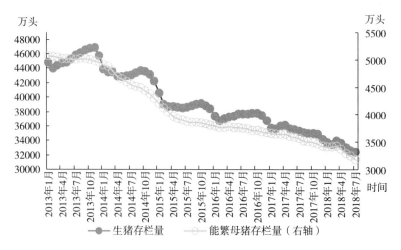

数据来源：Wind。

图 3 – 33   生猪和能繁母猪存栏变化情况

预计年内蔬菜价格有可能小幅回落。 受灾害因素叠加高温天气影响，蔬菜价格近期上涨较快。灾区寿光的蔬菜影响了山东当地及北京、天津等北方地区蔬菜供给。近期台风"山竹"也可能对南方蔬菜供应产生影响，这些推动了近期蔬菜价格的快速上涨。不过，考虑到蔬菜生长周期短，多数蔬菜生长周期在2个月以内，供给冲击会逐步缓解。随着灾情缓解和天气转凉，预计鲜菜价格上涨势头放缓，并可能季节性回落趋稳。

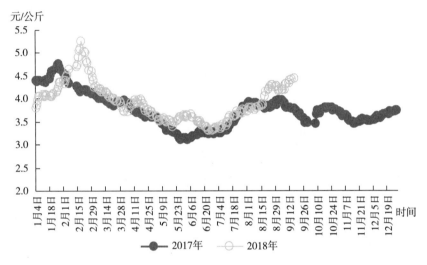

数据来源：Wind。

图3-34 农业部28种重点监测蔬菜平均批发价格指数变化情况

粮食价格或将维持相对平稳。 中美贸易摩擦可能影响大豆价格。我国大豆外贸依存度极高，2017年高达85%，主要进口来源国为巴西、美国与阿根廷，占进口总量的94%，其中美国进口量约占31%。7月我国对美大豆加征25%关税后，尽管我国开辟多元化的进口途径，如加大南美国家进口量以增加大豆供给等，但在全球大豆总供给不变的情况下，可能影响国内大豆价格，但程度有限。

除大豆外的粮食价格整体仍将保持平稳。一是主要粮食作物库存较高，价格上涨空间有限。目前小麦库存消费比高于90%，已创历史新高。近期由于面粉企业上调收购价格、增加收购量，部分地区小麦价格出现明显上涨。但受制于较高库存水平，主产区2018年小麦托市收购数量同比大幅减少，预计小麦价格上涨空间有限。玉米库存虽然较前几年有所下滑，但库存消费比仍高于80%；不过，随着临储制度取消，以及结构调整带来种植面积和产量逐渐下滑，预计玉米价格有望温和上涨。稻谷受政策调整的影响，价格出现分化，优质水稻由于供给紧张，价格相对坚挺；普通稻米价格受托市政策的影响减弱，价格不断走低。随着新季中晚稻和粳稻的大规模上市，稻谷价格将承压下行。二是2018年夏粮减产对粮食供给影响不大。受种植结构调整及夏粮主产区恶劣天气影响，2018年全国夏粮总产量13872万吨，比2017年减产306万吨。由于去年产量已经接近 2015 年历史最高点，2018 年比 2017 年小幅减产 2.2%，仍是历史上高产年份之一。此外，夏粮占粮食总产量的比重不超过 25%，秋粮才是粮食产量的决定因素，2018 年夏粮减产对粮食供给影响不大。总的来看，年内粮食价格仍可能保持相对平稳态势，不会对 CPI 食品价格形成太大影响。

2. 非食品价格将维持平稳上涨态势

服务价格是推动非食品价格上涨的中长期因素。近年来受消费升级因素的影响，我国对服务的需求日益旺盛；加之用工成本持续上升，推升衣着加工、家庭服务、教育等服务价格的涨幅。由于服务需求的释放是平稳、逐步的，将推动服务价格保持相对平稳增长。

从短期走势看，8 月房租价格和医疗保健价格在服务价格中涨幅较大，对非食品价格形成一定扰动。考虑到房租价格是暂时性冲击，医疗保健价格大幅上涨也已接近尾声，预计年内 CPI 非食品价格恢复平稳上涨态势。

房租价格涨幅将有所回落。一是市场房租上涨对 CPI 房租项影响不大。CPI 房租项使用虚拟租金法测算，并不是对市场价格的直接反映。反映市场化房租变化的是 CPI 房租项中租赁私房房租，但租赁私房房租在 CPI 中的占比仅为 1.19%，影响较小，因此相对于实际市场化房租的较快上涨，CPI 房租项走势相对平稳。二是近期房租上涨仅是部分热点城市，房租上涨存在分化，北上广深等部分热点城市的房租上涨对全国房租价格影响有限。三是房租上涨的可持续性不强。近期热点房租上涨主要是受购房资格限制严格、大城市整治群租、部分租赁中介趁机炒作等因素影响，后续随着住房租赁市场逐步规范，配套政策和监管措施将得到补充和完善，以及重点城市的租赁房源逐渐放量，房租快速上涨有望得到遏制，年内对非食品价格上涨的影响有限。

医疗保健价格走势趋于平稳。受医疗服务改革因素驱动，8 月医疗保健价格在非食品价格中涨幅较大。但随着近年来各地渐进推进医疗服务改革，价格机制已基本理顺，医改也已接近尾声，未来医疗保健价格很难出现大幅上涨。考虑到 2017 年高基数效应的影响，年内价格变化会更趋平稳，对非食品价格上涨的推动作用减弱。

（三）PPI 同比涨幅将延续回落态势

1. 预计国内工业品价格上升动力不足

从需求端看，在财政明确加大基础设施领域补短板力度的情况下，年内基建投资或有所好转，需求回暖将推动与基建相关的工业品价格上涨，但受防控地方政府债务风险、表外非标融资加速收缩等因素的影响，基础设施建设投资增长可能低于预期，需求端对中上游工业品价格的拉动作用有限。

从供给端看，尽管 2018 年采暖季限产政策将在 10 月后开始执行，限产力度加大使工业品供给面临收缩压力，但企业受前期工业品价格持续较高的影响，会倾向选择提高产能利用率扩大生产，环保限产对供给端的影响逐步减弱。总体来看，供需两端的调整抑制中上游工业品价格的上涨，年内工业品价格上涨动能不足。

2. 国际大宗商品价格对 PPI 的拉升作用减弱

原油价格将呈震荡缓升走势。从供给端看，美伊博弈再升级，美国对伊朗的原油出口禁令将于 11 月 4 日正式生效，伊朗则威胁封锁霍尔木兹海峡，切断包括沙特阿拉伯、科威特、阿联酋、伊拉克等海湾国家的石油海运线路。这可能导致供给缺口扩大。美国自 2018 年 8 月以来钻机数量增长平缓，日均产量已经连续两周下跌 10 万桶，9 月美国 EIA 原油库存超预期显著减少，未来美国原油产量能否继续保持增长也存在疑问。在其他产油国，委内瑞拉经济问题尚未解决，国内通胀严重，近期又发生地震，是否会影响原油的供应未知。叠加前期利比亚产量下降，伊朗产量下滑，以及北海油田罢工事件，虽然俄罗斯释放原油产能可以在一定程度上缓解产出缺口，但总体供应前景不确定性仍较强。从需求端看，按照特朗普基建计划，如果 2018 年美国基建顺利落地，或进一步加大国际资本对原油的配置，受原油的金融属性影响，原油需求将有所增加。但考虑到年内贸易摩擦加剧叠加经济下行，原油需求也存在下滑的可能，将对原油价格形成抑制。整体来看，预计油价将呈震荡走势，并可能小幅缓升。

金属价格涨跌不一，黑色与有色金属价格可能继续分化。黑色金属方面，目前全球铁矿石需求减缓，国际铁矿石供需格局进入了新的阶段，短期内供应过剩的现象难以改变，将抑制价格上涨。有色金属方面，世界金属统计局（WBMS）数据显示，2018 年上半年全球铜市缺口为 19.7 万吨，存在较大的供给缺口，铅、镍、锡的市场供应都存在短缺现象，将继续推动价格走高。铝价方面，俄罗斯铝业数据显示，2018 年全球铝市供应短缺量将从 2017 年的 130 万吨扩大至约 170 万吨，铝价存在上行的动力。

国际农产品价格将保持小幅上涨态势。经合组织和联合国粮农组织发布的年度报告《2018—2027 年农业展望》显示，全球大多数农产品生产将稳步增长，大部分谷物、肉类、乳制品和鱼类产量达到创纪录水平，谷物库存水平已升至历史最高。其中，全球小麦已连续 5 年增产，目前库存已达 2.68 亿吨，大豆、大米库存分别为 9832 万吨和 1.41 亿吨，仍处于产大于需的格局。受近年来价格低迷影响，玉米产量下降，期末库存大幅下降 10%，给玉米价格带来支撑。考虑到近期受洪涝灾害或干旱少雨等恶劣天气影响，一些国家粮食歉收，短期可能存在供应短缺现象，预计未来主要农产品价格将小幅上涨。

总的来看，工业品价格可能小幅上涨，以原油为代表的大宗商品上涨动力有限，

PPI 不存在上涨的基础，考虑到高基数效应持续，预计年内 PPI 同比涨幅延续回落态势。

（四）价格变动趋势预测

1. 预计 2018 年全年 CPI 涨幅为 2.1％左右

基于以上分析，根据计量经济模型预测，在没有大的外部冲击的背景下，预计食品价格小幅上涨，拉动年内 2018 年 CPI 回升，全年涨幅为 2.1％左右，月度同比涨幅波动性较高。

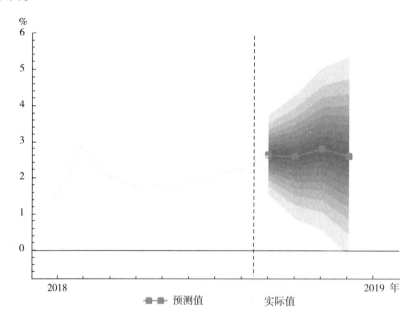

数据来源：2018 年 8 月及之前数据来源于国家统计局，8 月及之后的数据为作者预测。

图 3－35　CPI 同比涨幅预测

2. 预计 2018 年全年 PPI 涨幅为 3.5％左右

基于以上分析，根据计量经济模型预测，中上游工业品供需趋于平衡，PPI 进一步上涨的动力不足，预计年内 PPI 同比涨幅波动回落，全年上涨 3.5％左右。

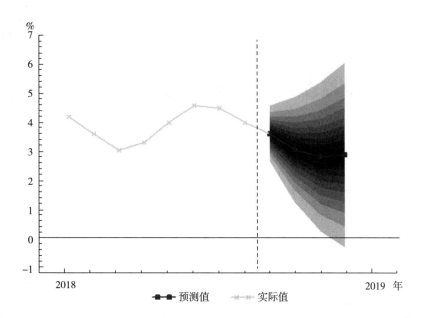

数据来源：2018 年 8 月及之前数据来源于国家统计局，8 月及之后的数据为作者预测。

图 3 - 36　PPI 同比涨幅预测

第四部分
2018年第4季度价格监测分析

主要观点和结论

  2018年9月以来价格水平总体稳定。9月、10月CPI同比均上涨2.5%，涨幅为2月以来的高点；11月CPI同比上涨2.2%，回落0.3个百分点。PPI同比涨幅逐月收窄，9月、10月和11月分别为3.6%、3.3%和2.7%。

  总需求增长呈现下行态势，影响价格变化的主要是结构性因素。9月、10月受自然灾害等因素影响，蔬菜等食品价格上涨，国际原油价格维持近年高位，拉升非食品价格，CPI维持相对高位；11月猪瘟等因素导致食品价格下降，国际原油价格也快速下跌，CPI环比涨幅为负，同比涨幅回落。去产能及环保治理影响减弱，工业品供给相对增加，部分工业品价格涨幅回落；11月国际原油价格快速下跌拉低能源、化工等工业品价格，PPI环比涨幅在11月由正转负，同比涨幅回落。

  预计2019年总需求增长趋缓的可能性较高，对价格水平影响较小。消费升级及人口结构变化仍推动服务价格平稳增长；受供给持续收缩的影响，猪肉价格处于上升通道，可能推动明年CPI涨幅略有扩大。伴随环保治理的影响减弱，企业产能恢复，预计工业品供给相对增加；在投资需求增长乏力的情景下，中上游部分工业品价格或将小幅下滑，PPI同比涨幅或将回落。预计2018年全年CPI上涨2.2%，PPI上涨3.8%；2019年全年CPI上涨2.3%左右，PPI上涨0.8%左右。

（本部分完成于2018年12月25日）

一、经济增长放缓，总需求呈下行态势，推升价格上涨的动能不足

近期经济增长放缓，2018 年第 3 季度 GDP 同比增长 6.5%，较第 2 季度放缓 0.2 个百分点。工业增加值增长呈现回落态势，9 月、10 月和 11 月当月同比增长分别为 5.8%、5.9% 和 5.4%，为年内相对低点。从投资、消费和出口看，总需求呈现下行态势。

（一）固定资产投资增速低位企稳

2018 年前 3 个季度，全国固定资产投资累计同比增速已降至 1992 年以来的低值。但受制造业企业盈利改善、稳增长政策发力等因素影响，近期全国固定资产投资增速在低位有所企稳，1—11 月累计同比增长 5.9%，增速比前 3 个季度回升 0.5 个百分点，但比上年同期低 1.3 个百分点。民间固定资产投资增速相对平稳，1—11 月累计同比增长 8.7%，增速与前 3 个季度持平，比上年同期回升 3 个百分点。

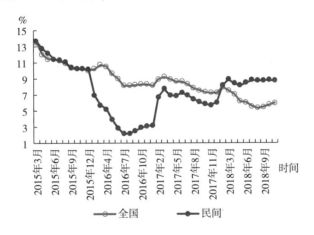

数据来源：Wind。

图 4-1 全国及民间固定资产投资累计同比增速变化情况

房地产开发投资增长维持相对平稳。 2018 年以来，土地购置费增长较快，是房地产开发投资增长相对平稳的重要原因，而近期房屋销售趋弱、房地产企业融资条件偏紧等因素制约了投资增长。1—11 月，房地产开发投资累计同比增长 9.7%，增速比前 3 个季度下降 0.2 个百分点，比上年同期上升 2.2 个百分点。

制造业投资增速持续回升。 受企业盈利改善等因素的影响，制造业投资增速 2018 年持续回升。1—11 月，制造业投资累计同比增长 9.5%，比前 3 个季度上升 0.8 个百分点，比上年同期上升 5.4 个百分点，增速创下 2015 年 7 月以来的新高。

基础设施建设投资增速低位企稳。 受地方政府债务治理、表外非标融资加速收缩等因素的影响，基建投资增速持续回落，2018 年前 3 个季度增速已降至 2012 年以来的

低位。近期受稳增长政策等因素的支持，基建投资增速低位企稳。1—11 月，基础设施建设投资（不含电力、热力、燃气及水生产和供应业）累计同比增长 3.7%，增速比前 3 个季度回升 0.4 个百分点，但比上年同期低 16.4 个百分点。

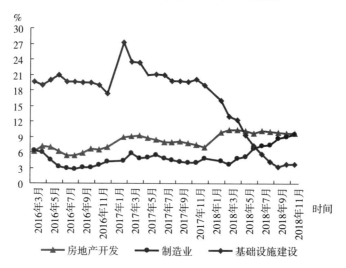

数据来源：Wind。

图 4 - 2　三个领域固定资产投资累计同比增速变化情况

（二）消费增长有所下滑

受商品房销售增速放缓、汽车消费下降等因素的影响，消费增速总体上处于下行态势。1—11 月社会消费品零售总额名义累计同比增长 9.1%，增速比前 3 个季度下滑 0.2 个百分点，增速创下 2004 年以来的新低；实际累计同比增长 7%，增速比前 3 个季度下滑 0.3 个百分点，增速创下 2003 年数据发布以来的新低。

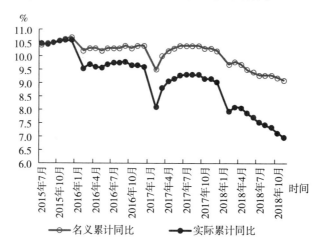

数据来源：Wind。

图 4 - 3　社会消费品零售总额累计名义同比和实际同比增速变化情况

(三) 出口增长放缓

近期全球经济放缓，中国对东盟、欧盟、日本和美国的出口都顺势下行；加之国内企业贸易"抢跑效应"已经趋弱，我国出口增长明显放缓。2018年1—11月，出口增速累计同比增长11.8%（美元计价），当月同比从10月的15.6%滑落至11月的5.4%，为2018年的相对低点。

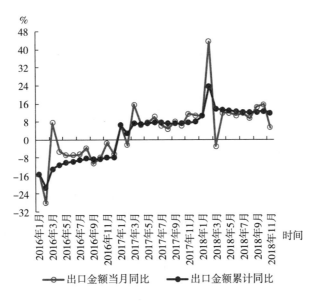

数据来源：Wind。

图4-4 出口金额当月同比、累计同比增速变化情况

二、CPI同比涨幅近期有所回落，PPI同比涨幅逐月收窄

(一) 食品及油价下降带动CPI同比涨幅有所回落

从环比看，9月CPI环比上涨0.7%，涨幅为2月以来的高点；10月环比上涨0.2%，涨幅回落，11月环比由正转负，环比下降0.3%。从同比看，9月、10月，CPI同比均上涨2.5%，涨幅为2月以来的高点；11月CPI同比上涨2.2%，较9月、10月回落0.3个百分点。9月、10月和11月剔除食品和能源的核心CPI同比上涨1.7%、1.8%和1.8%，为2017年以来的相对低点。

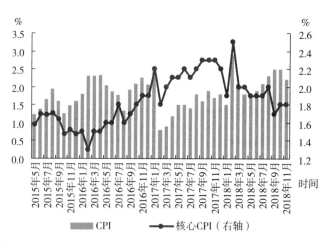

数据来源：国家统计局。

图 4-5　CPI 同比上涨情况

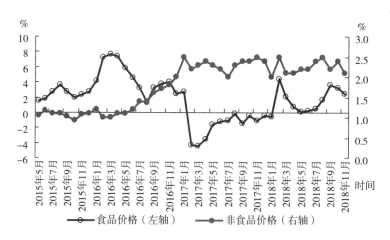

数据来源：国家统计局。

图 4-6　食品价格和非食品价格同比上涨情况

主要受天气及猪瘟影响，食品价格涨幅波动明显。从环比看，9 月食品价格上涨 2.4%，为年内次高。但 10 月、11 月环比涨幅由正转负，分别下降 0.3% 和 1.2%。从同比看，叠加基期因素的影响，9 月食品价格上涨 3.6%，为年内次高；10 月、11 月涨幅回落，同比分别上涨 3.3% 和 2.5%。**一是天气因素导致鲜菜价格波动较大。**9 月我国部分地区遭受台风、强降水和风雹等极端天气，鲜菜供给偏紧，价格明显上涨，9 月鲜菜价格环比上涨 9.8%，为年内次高。10 月、11 月天气状况较好，秋菜、冬储菜集中上市，鲜菜市场供应充足，价格迅速回落，10 月和 11 月鲜菜价格环比分别下降 3.5% 和 12.3%。从同比看，鲜菜价格涨幅冲高后逐步回落，9 月、10 月和 11 月同比分别上涨 14.6%、10.1% 和 1.5%。**二是猪瘟短期影响猪肉供给。**2018 年下半年以来，受猪周期上行及部分猪肉产量大省出台养殖业整顿措施等影响，猪肉市场供应偏紧，猪肉价格呈现上涨态势，9月、10月猪肉价格环比分别上涨3.7%、1%。11月受非洲猪瘟疫情扩大的影响，部分产地为避险加快出栏，猪肉供给短期增加，猪肉价格环比转负，下跌0.6%。受上年同期对比基数较高的影响，猪肉价格同比涨幅延续收窄态势，9月、10月和11月分别下降2.4%、1.3%和1.1%。

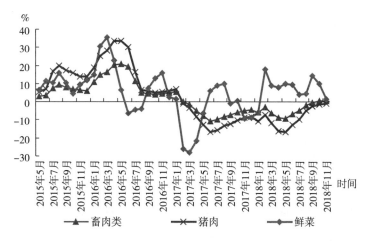

数据来源：国家统计局。

图4-7　部分食品价格变化情况

国际原油价格震荡，带动非食品价格呈现小幅波动。从环比看，9月、10月非食品价格均上涨0.3%，11月涨幅由正转负，环比下降0.1%，自2018年3月以来再次负增长。从同比看，9月、10月非食品价格涨幅分别为2.2%和2.4%，11月上涨2.1%，涨幅比上个月减少0.3个百分点，为2018年年内次低。**一是国际原油价格变化向下游传导，带动相关消费品价格波动。**2018年9月、10月国际原油价格维持年内相对高位，受此影响，9月、10月我国国内成品油价格分别上调2次，交通工具用燃料价格环比分别上涨2.2%和4.2%。11月以来国际原油价格大幅下跌，与此对应，国内成品油价格下调3次，交通工具用燃料价格环比下降4.8%。受上年对比基数较低的影响，9月、10月同比价格分别上涨20.8%和22%，11月上涨12.6%。**二是经济增速放缓影响服务业价格涨幅。**2018年下半年以来，经济增速放缓，服务业持续走弱，服务价格涨幅也收窄。从环比看，9月、10月服务价格分别上涨0.2%、0，11月转为下降0.2%。从同比看，9月、10月和11月均上涨2.1%，为2016年5月以来的低点。其中，随着医疗改革逐渐完成，医疗服务涨价动能边际回落，此前受到管制的医疗服务价格变化逐渐回归到均衡水平附近，9月、10月和11月，医疗保健价格环比涨幅分别为0、0和0.1%，同比分别上涨1.5%、1.2%和1.2%。

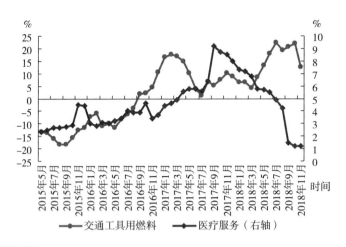

数据来源：国家统计局。

图 4 - 8   主要非食品价格变化情况

（二）去产能及环保治理的影响边际减弱，国际原油价格下跌，导致 PPI 涨幅逐月收窄

9 月、10 月 PPI 环比分别上涨 0.6% 和 0.4%，11 月涨幅由正转负，下降 0.2%。9 月、10 月和 11 月，PPI 同比分别上涨 3.6%、3.3% 和 2.7%，涨幅逐月收窄。1—11 月 PPI 累计同比上涨 3.8%，比上年同期低 2.6 个百分点。

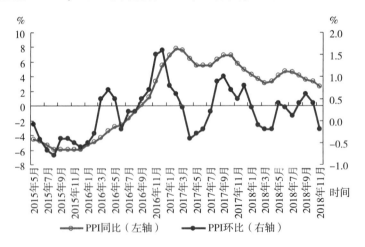

数据来源：国家统计局。

图 4 - 9   工业生产者出厂价格走势

去产能及环保治理对中上游工业品供给的影响边际弱化。在供给端，去产能、环保治理政策的影响减弱，企业有效产能恢复。从主要工业品产量看，2018 年 10 月、11 月，焦炭产量同比分别增长 4.5% 和 1.9%，涨幅比上年同期分别上升 17.1 个和 12.8 个百分点；生铁产量同比分别增长 7.3% 和 9.9%，涨幅比上年同期分别上升 5 个和 13.4 个百分点。原煤、粗钢、钢材、有色金属等供给均有所增加。在总需求稳中趋缓的背景下，基础建设投资增速仍处于低位，房地产开发投资增速边际回落，制约钢铁、水泥等部分工业品的需求。中上游部分工业品供给的相对增加与需求的稳中趋缓导致中上游部分工业价格回落。10 月、11 月，黑色金属冶炼和压延加工业价格环比分别持平和下跌 1.1%，同比分别上涨 6.9% 和 5.3%；有色金属冶炼及压延加工业价格环比分别上涨 0.5% 和下跌 0.5%，同比分别下跌 2.6% 和 3.1%。

国际原油价格近期下跌带动相关产品价格下降。9 月、10 月国际原油价格维持年内相对高位，11 月大幅下跌，11 月末布伦特原油现货价跌至每桶 57.15 美元左右、WTI 原油现货价跌至每桶 50.93 美元左右，较年内高点下降约 40%。国际原油价格下跌拉低了国内能源、化工等相关行业的商品价格。11 月石油和天然气开采业，石油、煤炭及其他燃料加工业，化学纤维制造业，化学原料和化学制品制造业价格环比分别下降 7.5%、3.3%、3.1% 和 0.7%。受基数效应的影响，同比价格分别上涨 24.4%、17.6%、3.6% 和 3.9%，但涨幅已明显收窄。

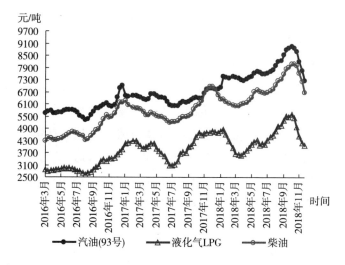

数据来源：Wind。

图 4-10　主要能源化工产品价格变化情况

三、2019 年全年 CPI 上涨 2.3% 左右，PPI 上涨 0.8% 左右

明年投资增速或低位企稳，消费增长可能略缓，出口面临下行压力，经济将在合理区间运行。在这样的背景下，"稳就业、稳金融、稳外贸、稳外资、稳投资、稳预期"政策将发挥作用，积极财政政策和稳健货币政策有助于价格水平的总体稳定。

(一) 总需求或将稳中趋缓

投资增速或低位企稳。**一是基建投资增长或有改善。**2018 年下半年以来，国务院常务会议多次部署推进基建补短板工作，12 月 19 日至 21 日召开的中央经济工作会议提出加大基础设施等领域补短板力度，"加强人工智能、工业互联网、物联网等新型基础设施建设，加大城际交通、物流、市政基础设施等投资力度，补齐农村基础设施和公共服务设施建设短板，加强自然灾害防治能力建设"，2019 年基建投资补短板力度或有所增强。此外，PPP 项目整顿后，2019 年 PPP 项目融资或逐渐恢复稳定，对基建投资增长形成支撑。不过基建投资增速上涨幅度或有限。《关于规范金融企业对地方政府和国有企业投融资行为有关问题的通知》等政策仍对地方政府资金来源产生影响；资管新规实施后，预计非标融资萎缩趋势明年难以改观，城投等各类地方融资平台仍面临较大融资约束。**二是预计房地产投资增速略有下滑。**2018 年 7 月至 11 月商品房销售面积累计同比持续下降，商品房销售回落抑制房地产投资意愿。2019 年棚改货币化将有所收紧，将弱化三四线城市房地产投资增长。不过，有些因素可能支撑房地产投资增长。在实施因城施策、分类指导，夯实城市政府主体责任的政策下，房地产需求较大、库存较低或人口流入较多的一、二线城市，房地产投资维持增长的可能性较高。建立租购并举的住房制度将是未来政策的着力点，随着相关支持政策的陆续出台和实施，将带动房地产投资增长。**三是制造业投资增速或维持相对稳定。**2019 年工业品价格增长大概率放缓，制造业企业营业收入和利润增速可能收窄，影响制造业企业投资积极性。若明年外需增长缓慢，也将影响与出口相关的制造业企业投资增长。不过，随着降低制造业增值税税率、统一增值税小规模纳税人标准等税收政策的实施，制造业企业的税收成本将进一步降低，有利于制造业投资增长。

消费增长可能稳中趋缓。2018 年前 3 个季度，我国城镇居民人均可支配收入实际累计同比增长 5.7%，较上年全年回落 0.9 个百分点，居民收入放缓在一定程度上抑制消费增长。同时，2015 年以来，居民部门大量加杠杆购买住房，居民高负债将抑制消费支出增长。此外，房地产销售放缓将带来家具、装潢、家电等消费的下滑；汽车消费增长或将延续低迷态势。但我国个人所得税法修正案落地，个人所得税专项附加扣减方案将于 2019 年开始实施，预计个税抵扣规模在 1000 亿元左右，这将增加居民收入，有助于消费增长。此外，随着乡村振兴战略的推进，农村消费在一定程度上助推消费增长。

出口增长面临下行压力。一方面，明年全球经济大概率放缓，外需对出口的拉动作用将明显减弱。另一方面，2018 年我国出口抢跑现象明显，目前抢跑现象正在弱化，对明年外贸订单将产生一定影响。不过，出口退税或补贴、转口贸易、推动出口市场多元化等政策的实施有助于减轻外需及贸易摩擦对出口的不利影响，"一带一路"倡议的推进也将提高对沿线国家的出口，助推出口增长。

（二）去产能及环保治理的影响减弱，中上游部分工业品价格或将下跌，预计 PPI 同比涨幅回落

中上游部分工业品或将维持供大于求的格局，部分工业品价格同比涨幅将从高位逐步回落。从供给端看，2019 年供给侧改革任务基本完成，去产能接近尾声，影响减弱；环保治理由"一刀切"转向分类限产，整体限产力度或将有所减弱；在前期价格上涨的刺激下，部分工业品供给或小幅增加。从需求端看，在房地产投资明年大概率下滑、基建投资增速回升幅度有限的情况下，对中上游相关行业的工业品需求将有所回落。在供略大于求的情况下，预计中上游工业品价格涨幅将逐步回落。

大宗商品价格或将维持震荡态势。从国际原油供需两端看，在需求方面，受全球经济增速放缓影响，原油需求增长或放缓。2018 年 12 月最新月报显示，对于 2018 年和 2019 年全球石油需求增长，OPEC 预测分别为 150 万桶/天、129 万桶/天；EIA 预测分别为 153 万桶/天、152 万桶/天；IEA 预测分别为 130 万桶/天、140 万桶/天。在供给方面，国际原油供给相对充裕。减产协议达成后，原油市场供给能否实现增速放缓，存在不确定性。一方面，美国不希望看到油价过快上涨，因为油价过高带来的通胀压力以及美联储加息节奏的加快，不利于美国经济增长。另一方面，沙特阿拉伯和俄罗斯两国产量处于高位，减产协议的效果取决于沙特阿拉伯和俄罗斯维持市场份额以及稳定油价的综合考虑。此外，在原油价格较高的情况下，美国页岩油有望持续增产，在一定程度上抵消减产协议的影响。综合供需看，国际原油价格或将呈现震荡态势。在全球经济放缓的背景下，对其他大宗商品需求大幅上涨的可能性较低，而美联储加息及美元走强等因素也将对未来国际大宗商品形成一定压制，预计明年大宗商品价格呈震荡态势。

（三）畜肉类商品价格上涨可能性较高，拉动 CPI 涨幅扩大

预计明年猪肉价格同比涨幅转正。受供给端相对收缩，2018 年 6 月 CPI 猪肉价格同比增速触底（－16.7%）以来，连续 6 个月降幅收窄，环比涨幅在 6 月至 10 月连续 5 个月为正，猪肉价格底部回升态势明显。11 月猪瘟影响扩大，对猪肉价格上行形成压制，猪肉价格环比再次下降 0.6%。不过，猪肉价格仍可能呈现上涨态势。一方面，猪瘟仅短期影响了猪肉供需，并未改变猪肉供给收缩的态势，高频数据显示，12 月前两周，22 个省市猪肉平均价格较 11 月已小幅上涨 0.36%。另一方面，遭受猪瘟影响的养殖企业加快出栏导致明年生猪供给相对收缩，而养殖企业和养殖户对后市缺乏信心，进一步影响明年生猪供应。在猪肉需求相对稳定、生猪供给相对收缩的背景下，预计明年猪肉价格上行。当然，在价格上涨后，猪肉进口量可能有所增长，在一定程度上抑制猪肉价格上涨幅度。此外，牛羊肉价格 2018 年 9 月以来呈现快速上涨，受低基数效应影响，预计明年牛羊肉价格同比涨幅扩大。

粮食价格仍将维持相对稳定。根据国家粮油中心 10 月的预测，2018 年国内三大主粮小麦、稻谷和玉米产销比例分别达 105.0%、129.6% 和 82.6%，表明小麦供需基本平衡，稻谷供大于求，玉米供不应求。预计 2019 年小麦、稻谷价格趋稳，玉米价格将有所上涨。按照农业农村部《全国种植业结构调整规划（2016—2020 年）》，预计未来非主要产区玉米种植面积仍将继续减少，叠加深加工及饲料企业补贴政策等的影响，玉米库存将持续下滑，价格有望温和上涨。除三大主粮外，我国大豆主要依赖进口，贸易摩擦因素对大豆等农产品价格的影响存在不确定性。不过，依据 G20 会议的中美商议协定，未来我国可能会增加对美国农产品进口，有助于增加国内粮食供应量，稳定粮食价格。

非食品价格涨幅可能略有收窄。消费结构升级及人口结构变化等推动服务需求增长的中长期因素仍将支撑非食品价格平稳上涨，但受短期因素变化影响，明年非食品价格涨幅或将有所收窄。**一是**国际原油价格回落将拉低非食品价格。2018 年国际原油均价是 2015 年以来的高点，预计 2019 年国际原油价格将维持震荡走势，受近期国际油价回落影响，考虑到基数效应，明年非食品价格中的交通和通信分项和居住分项同比涨幅将出现回落。**二是**医疗服务等价格改革因素对价格推升效应减弱。目前医疗服务改革已告一段落，明年医疗价格同比涨幅上行概率不高。而近期医疗行业的"带量采购"会降低药品价格，拉低非食品价格中的医疗保健分项价格。**三是**目前住房租赁市场整体供应充足，而前期房租上涨导致 2018 年基数较高，预计明年居住价格很难再像 2018 年出现较高的上涨。

（四）价格变动趋势预测

基于以上分析，在继续实施积极财政政策、稳健的货币政策及人民币汇率基本稳定的条件下，利用 DSGE 宏观分析模型对 2018 年和 2019 年主要经济指标进行预测，基准情形见表 1。除基准情形外，还结合中美贸易摩擦、信用条件等不同情景分别进行了预测（见表 2）。其中，预计 2018 年全年 CPI 上涨约 2.2%，2019 年食品价格上涨将推升 CPI 涨幅，全年涨幅为 2.3% 左右。2018 年全年 PPI 上涨约 3.8%；在没有大的外部冲击的背景下，特别是国际原油价格和基建投资没有超预期变化的情况下，预计中上游部分工业品价格有所回落，2019 年全年 PPI 涨幅为 0.8% 左右。

表4-1　　　　　　　　　　　　　主要宏观经济指标基准预测　　　　　　　　　　单位:%

	2018 年	2019 年
实际 GDP 增长	6.5	6.3
固定资产投资完成额	6	6
社会消费品零售总额	9.1	8.9
出口	10.5	6
进口	15.6	8
贸易差额/GDP	2.8	2.5
经常项目差额/GDP	1.0	0
M_2 同比	8	8.5
CPI 同比	2.2	2.3
PPI 同比	3.8	0.8

注：本表中固定资产投资、社会消费品零售总额、出口和进口均为名义增长率。进出口数据以美元计价，M_2 为新口径对应增速。

表4-2　　　　　　　　　　　　　不同情景下 GDP 增速变化情况　　　　　　　　　单位:%

		GDP 及相对基准情景变化	减税政策			
			减税预期影响	平均税率下调5%	平均税率下调10%	平均税率下调15%
基准情景	贸易摩擦维持 9 月 24 日局面不变，新增社会融资规模增速为 -10%	6.32	0.01	0.08	0.12	0.13
中美贸易摩擦	情景1：现有关税调整全部生效	-0.22	0.01	0.08	0.11	0.13
	情景2：中美全面加征关税	-0.36	0.01	0.08	0.11	0.13
	情景3：金融市场及投资者信心受到冲击	-0.36	0.01	0.08	0.11	0.13
	情景4：贸易摩擦加剧金融条件收紧	-0.56	0.01	0.08	0.11	0.12
信用条件收紧	情景1：新增社会融资规模增速为 -12%	-0.09	0.01	0.08	0.12	0.13
	情景2：新增社会融资规模增速为 -15%	-0.12	0.01	0.08	0.12	0.13
	情景3：新增社会融资规模增速为 -20%	-0.18	0.01	0.08	0.11	0.13

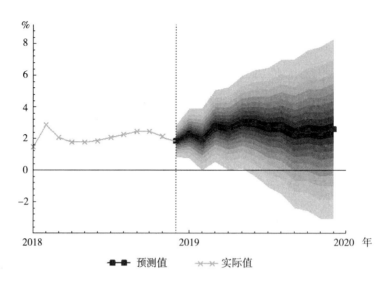

数据来源：2018 年 11 月及之前数据来源于国家统计局，12 月及之后的数据为作者预测。

图 4 – 11　CPI 同比涨幅预测

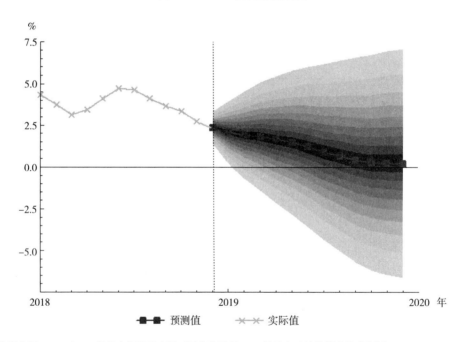

数据来源：2018 年 11 月及之前数据来源于国家统计局，12 月及之后的数据为作者预测。

图 4 – 12　PPI 同比涨幅预测

第五部分
专题分析

第 3 季度宏观经济运行分析

　　面对复杂多变的内外部形势，我国经济下行态势逐步显现，2018 年第 3 季度 GDP 同比增长 6.5%，较第 2 季度放缓 0.2 个百分点，为 2000 年以来的历史次低点。消费增长保持相对稳定，净出口对经济增长的拖累作用总体平稳，投资增速下降，特别是基建投资增速较快下滑，导致第二产业在第 3 季度放缓较明显，是经济下行的主因，政策同向叠加也增大了下行压力。价格走势总体相对稳定，CPI 上涨有所加快，PPI 涨幅逐步回落。货币信贷规模合理增长，短期贷款增速高于长期贷款，居民贷款增速高于企业贷款。新旧动能加快转换，经济结构调整优化。

　　展望第 4 季度，消费仍将维持相对稳定，固定资产投资可能有所企稳，出口增速可能出现放缓。食品价格可能继续上涨，而国际油价上涨带来的影响仍然持续，预计第 4 季度 CPI 同比涨幅将有所扩大，PPI 同比涨幅继续回落。得益于新动能成长以及经济结构的改善，新增就业总量将进一步增多，经济增长能够实现 2018 年预期发展目标。

（一）当前经济增长下行主要源于投资下滑及工业放缓

　　2017 年第 4 季度以来，面对复杂多变的内外部形势，我国经济下行态势逐步显现。2018 年第 3 季度 GDP 同比增速为 6.5%，较第 2 季度放缓 0.2 个百分点，创出自 2000 年以来的历史次低点，仅高于 2009 年第 1 季度的 6.4%。在影响短期经济走势的三大需求中，消费增长保持相对稳定，净出口对经济增长的拖累作用相对平稳，而投资下降，特别是基建投资增长快速下滑，是第二产业在第 3 季度放缓的主因。不过，新旧动能加快转换，经济结构调整优化，全年能够实现 2018 年预期发展目标。

1. 消费增长维持相对稳定

2018 年 1—9 月，社会消费品零售总额同比名义增长 9.3%，比 1—6 月略放缓 0.1 个百分点，维持平稳态势；实际增长 7.3%，比 1—6 月下降 0.4 个百分点。分行业看，日用品类、家具类、通信器材类、石油及制品类等零售增速 1—9 月维持在 10% 以上，分别比 1—6 月加快 0.8 个、0 个、0.1 个、2.5 个百分点；家用电器和音像器材类、文化办公用品类、汽车类零售增速总体下降，分别为 8.2%、5.7%、0.2%，分别较 1—6 月下降 2.4 个、0.9 个和 2.5 个百分点。从各行业在社会消费品零售总额中的占比分析，石油及制品类零售增速不断加快，拉动 1—9 月社会零售品总额增速较上年同期加快约 0.75 个百分点，成为支撑消费增速总体平稳的因素，主要原因是石油及相关产品价格上涨过快。汽车类零售增速大幅下降，创出自 2001 年以来的历史同期最低点，拉动 1—9 月社会零售品总额增速较上年同期放缓约 1.7 个百分点，成为拖累消费增速的因素，主要原因是税收优惠政策导致的汽车提前消费消退。

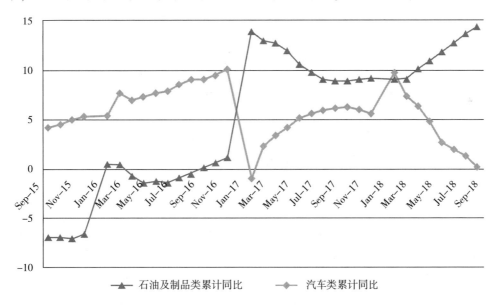

数据来源：Wind。

图 5−1　石油及制品类、汽车类零售累计增速

2. 净出口对经济增长的拖累作用相对平稳

目前，除影响市场信心外，实际上中美贸易摩擦对中国经济的冲击相对较小，并且为规避不确定性以及避免缴纳额外的关税，部分进出口商赶在特朗普正式征税时点前交易，2018 年前 3 个季度外贸形势好于预期，前 3 个季度货物贸易进出口总值比上年同期增长 15.7%（以美元计价）；其中出口增长 12.2%，进口增长 20%，贸易顺差 2213.8 亿美元。自 3 月末至今，人民币对美元汇率贬值幅度超过 10%；8 月初中共中央政治局会议提出"六稳"方案后，政府出台了一系列的"稳外贸"措施，对出口起到了一定的积极作用。但服务贸易逆差及上年基数较高，2018 年前 3 个季度净出口对经济增长的拉动始终为负值，前 3 个季度净出口累计拉低 GDP 增速 0.7 个百分点，是影响经济增速走低的主要因素。与之形成对比的是，2017 年同期净出口拉升 GDP 增速 0.2 个百分点。

3. 基建投资增长快速下滑是投资下降的主因

2018 年 1—9 月全国固定资产投资同比增长 5.4%，比 1—6 月下降 0.6 个百分点；考虑价格因素，实际同比下降 0.19%，比 1—6 月下降 0.47 个百分点。第 2 季度和第 3 季度当季实际同比下降 0.65% 和 1.13%。从构成看，2018 年制造业增速已经连续六个月处于回升过程中，前 3 个季度制造业投资增长 8.7%，为近三年的高点。2018 年以来，房地产开发投资增速一直处于高位，前 3 个季度同比增长 9.9%，增速上年同期加快 1.7 个百分点。

2018 年以来基建投资快速下滑，前 3 个季度同比增长 3.3%，比上半年回落 4 个百分点，比上年同期回落 16.3 个百分点，是固定资产投资下降的主要原因。基建投资快速下滑主要是受防控地方政府债务风险、融资监管趋严、PPP 项目库集中清理等因素的影响。一是金融监管加强，影响了地方基建投资资金来源。3 月财政部出台《关于规范金融企业对地方政府和国有企业投融资行为有关问题的通知》，严禁政策性、开发性金融机构为地方政府和国有企业提供各类违规融资。4 月人民银行等部门联合发布《关于规范金融机构资产管理业务的指导意见》，严格控制通道业务和期限错配，限制部分资金违规流入基建投资。二是在"开前门、堵后门"的财政整顿原则下，进一步规范地方政府举债融资行为，对地方政府资金来源产生了影响。三是 2017 年下半年以来，财政部开始对 PPP 项目库进行整理，一些不符合规范或不适合使用 PPP 方式的项目逐渐被清理出 PPP 项目库。这些政策的同时实施并未设置合理的过渡期，也未考虑一些补短板基建投资的合理融资需求，造成基建投资快速下滑。

4. 第二产业放缓是第 3 季度经济下行的主因，而政策同向叠加增加了经济下行压力

2018 年第一、第三产业增速均有小幅回升，第 3 季度分别为 3.6% 和 7.9%，较第 2 季度分别提高 0.4 个、0.1 个百分点，第三产业占经济比重持续提高。第二产业回落明显，前 3 个季度累计同比增速为 5.8%，第 3 季度当季同比为 5.3%，二者皆为 1992 年以来最低值。从建筑业看，投资下滑，特别是基建投资快速下滑，直接导致了建筑业增长放缓，前 3 个季度同比增长 3.7%，第 3 季度当季同比为 2.5%，皆为近年来低值。此外，土地购置费攀升是推升房地产开发投资增长的驱动因素。若剔除土地购置费，房地产建筑工程、安装工程、设备工器具购置投资均为负增长，1—9月，建筑工程、安装工程、设备工器具购置投资累计增速分别为 –3.4%、–8% 和 –8.6%。从工业看，2016年第3季度以来的工业生产略微回升主要源于两方面的因素。一是全球经济增长及贸易复苏带来的我国出口企业及引致的相关行业的运营改善；二是供给侧结构性改革带来的影响。去产能及环保治理带来的部分中上游工业品供给的相对收缩；稳增长带来的基建投资与汽车行业投资的增长、去库存及棚改货币化安置政策带来的房地产投资增长，都增加了诸如钢铁、煤炭、水泥、玻璃等行业需求，改善了这些行业的运营，提高了利润。但除处于垄断地位的石油行业等外，在国内终端需求持续回落情况下，部分中上游行业的运营改善和利润增长不可持续，增长逐步回落；受中上游价格上涨以及产能过剩等因素的影响，部分中下游行业增长持续放缓。前3个季度工业增长累计同比为6.3%，第3季度当季同比为5.9%。

"一刀切"的政策叠加效应放大了经济下行压力。金融去杠杆及监管政策的加强在很大程度上促使商业银行更加趋于规避风险，加之商业银行内部激励约束制度的缺陷，在一定程度上加剧了小微、民营企业融资贵、融资难问题。去库存基本完成和控制居民杠杆过快，影响了房地产投资的增长。规范地方政府债务过程中"堵后门"的政策贯彻落实快，而"开前门"的政策贯彻落实缓慢，一些补短板的基建投资资金来源不足，引致基建投资在2018年前3个季度断崖式下滑。规范企业税收征管致使企业实际税负增加，影响居民收入、就业和消费。

5. 价格增长维持相对稳定

近期CPI上涨加快。第3季度CPI上涨2.3%，涨幅较第2季度加快0.5个百分点。剔除食品和能源，核心CPI总体平稳，第2季度和第3季度基本持平，涨幅为1.9%。食品价格上涨较快是CPI涨幅较高的主要拉动因素。包括寿光水灾、南方台风在内的部分地区发生极端天气，加之季节性因素影响，鲜菜价格环比涨幅由第2季度的 –4%扩大到第3季度的6.8%。受猪周期的影响，猪肉价格环比涨幅由负转正，由第2季度的 –3%上升到第3季度的4.4%，推动猪肉价格由第2季度的同比跌幅15.2%转为第3季度的同比跌幅5.6%。非食品价格同比涨幅由第2季度的2.2%扩大到第3季度的2.4%。受国际油价上涨的推动，交通和通信类涨幅明显扩大，由第2季度的同比涨幅1.8%扩大到第3季度的同比涨幅2.8%；由于医改影响趋弱，医疗保健类同比涨幅延续了自2017年10月以来的逐月回落态势，由第2季度的5.1%下降到第3季度的3.9%。

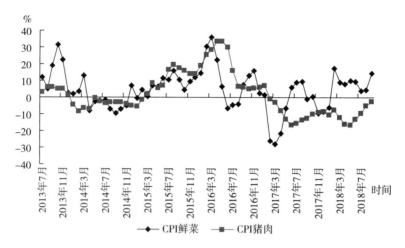

数据来源：Wind。

图 5 - 2　CPI 鲜菜和 CPI 猪肉价格同比涨幅变化

PPI 涨幅逐步回落。第 3 季度 PPI 上涨 4.1%，与第 2 季度基本持平，但月度变化较大，呈冲高回落态势。从环比看，9 月 PPI 环比上涨 0.6%，涨幅较 8 月加快 0.2 个百分点。分行业看，由于国际油价高位继续上涨，石油和天然气开采业，石油加工、烧焦及核燃料加工业价格环比涨幅分别扩大至 3.8%、4%，同比涨幅小幅扩大至 41.2%、24.1%。总体来看，高油价沿产业链条传导，以及主要上游行业产品库存低位，推动了近期 PPI 环比继续上涨；翘尾因素是导致 PPI 同比增速连续 3 个月回落的主导因素。

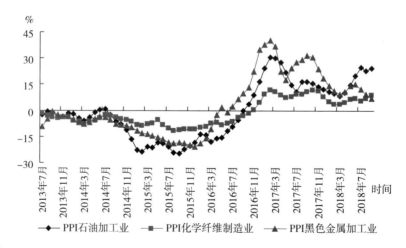

数据来源：Wind。

图 5 - 3　主要上游行业 PPI 同比涨幅变化

6. 货币信贷规模合理增长，短期贷款增速高于长期贷款，居民贷款增速高于企业贷款

货币信贷规模合理增长。2018 年 9 月末，广义货币（M₂）余额 180.17 万亿元，同比增长 8.3%，增速比上月末高 0.1 个百分点；狭义货币（M₁）余额 53.86 万亿元，同比增长 4%，增速比上月末高 0.1 个百分点。9 月末，本外币贷款余额 138.9 万亿元，同比增长 12.8%；人民币贷款余额 133.27 万亿元，同比增长 13.2%，增速与上月末持平。前 3 个季度人民币贷款增加 13.14 万亿元，同比多增 1.98 万亿元。分部门看，住户部门贷款增加 5.69 万亿元，其中短期贷款增加 1.85 万亿元，中长期贷款增加 3.83 万亿元；非金融企业及机关团体贷款增加 7.11 万亿元，其中短期贷款增加 7046 亿元，中长期贷款增加 4.93 万亿元，票据融资增加 1.21 万亿元；非银行业金融机构贷款增加 2874 亿元。

社会融资规模有序回落。9 月末社会融资规模存量为 197.3 万亿元，同比增长 10.6%。其中，对实体经济发放的人民币贷款余额为 131.81 万亿元，同比增长 13%；对实体经济发放的外币贷款折合人民币余额为 2.45 万亿元，同比下降 1.6%；委托贷款余额为 12.81 万亿元，同比下降 7.7%；信托贷款余额为 8.08 万亿元，同比增长 0.2%；未贴现的银行承兑汇票余额为 3.76 万亿元，同比下降 13.9%；企业债券余额为 19.45 万亿元，同比增长 7%；地方政府专项债券余额为 7.18 万亿元，同比增长 42.5%；非金融企业境内股票余额为 6.96 万亿元，同比增长 9.2%。

总体来看，短贷增速高于长贷，居民贷款增速高于企业贷款。主要原因在于：一是经济下行导致实体经济回报率下降，加之中美贸易摩擦对未来企业家的预期和信心有较大损害，企业有效贷款需求下降。二是大规模的表外融资转为表内，需要银行补充资本金，资本金约束对表外融资转向表内有所限制。三是经济下行导致银行风险偏好下降，银行对资质欠佳的民营企业贷款意愿削弱，部分中小微企业融资困难。四是居民继续加杠杆买房。

（二）第 4 季度宏观经济展望

从影响短期经济走向的总需求看，第 4 季度消费仍然维持相对稳定，固定资产投资可能在短期内有所企稳，而出口增速可能有所放缓。食品价格可能继续上涨，而国际油价上涨带来的影响仍然持续，价格水平在第 4 季度同比涨幅可能扩大。得益于新动能成长以及经济结构的改善，新增就业总量将进一步增多，经济增长完全能够实现 2018 年预期发展目标。

1. 预计投资增长近期大概率触底反弹

一是在稳就业、稳金融、稳外贸、稳外资、稳投资、稳预期等政策贯彻落实背景下，更加积极的财政政策或将有所发力，8 月财政部出台《关于做好地方政府专项债券发行工作的意见》，专项债发行加速；经过前期的逐步清理，PPP 项目质量大幅提高，落地率持续保持较高水平，未来将以更加规范的方式发展。在第 4 季度基建投资可能有所反弹。二是房地产投资增长仍可能呈现一定的韧性。2018 年前 3 个季度房地产开发投资维持了较高增速，主要是以土地购置费为主的其他费用为正增长，累计增速为50.3%，较上年同期大幅提高 33.5 个百分点。不过，随着棚改政策逐步收紧和居民杠杆率得到有效控制，土地购置费增速已有所放缓，2018 年年中以来各地土地流拍频发。预计房地产开发投资增速在近期维持相对稳定。三是制造业投资增速仍可能继续回升。8 月末国务院常务会议要求已定和新定的各项减税降费政策尽快落实到位，并决定再推新举措减轻企业税负超过 450 亿元。此外，《广东省降低制造业企业成本支持实体经济发展的若干政策措施（修订版）》于 8 月印发，以降低税收负担和各项成本等方式支持制造业发展，或将带动其他省份出台类似政策，支持各地制造业投资增长。同时，制造业产能利用率和利润同比增速皆维持高位，将提升制造业企业投资意愿，支持制造业投资增长。

2. 出口增速回落的可能性较大

贸易保护主义、地缘政治风险等因素对我国出口带来了不确定性，中美贸易摩擦对出口的影响可能逐步显现，加之提前出口消退的影响，出口增速回落的可能性较大。

3. 消费增速可能稳中趋缓

当前传统消费略有回落，而新兴消费需求逐步扩张，对消费增长稳定形成了一定的支撑。不过，受居民收入增速放缓与房价上涨造成的居民负债增加等因素的影响，消费增长的动能不足。考虑到房地产销售下滑引致的对家具、家电、建筑装潢材料等消费需求减弱，前期的车辆购置税优惠政策透支了汽车消费等因素，消费增长可能稳中趋缓。

4. 第二产业增速可能继续回落

受终端需求增长不确定性的影响，工业生产可能继续放缓。一是全球经济增长边际放缓及中美贸易摩擦带来的不确定性，可能影响我国出口相关行业的增长。二是在国内终端需求持续下滑的背景下，中下游行业将放缓，并传导至原来增长及利润表现较好的中上游行业，预计工业增长仍然放缓。从建筑业看，基建投资可能略有反弹，而房地产投资和汽车行业投资等投资增长放缓，建筑业增速继续放缓。

5. 第4季度 CPI 同比涨幅升高，全年上涨 2.2% 左右；PPI 同比涨幅可能下行，全年在 3.8% 左右

预计近期 CPI 仍然温和上涨，全年上涨 2.2% 左右。一方面，伴随猪肉供给相对收缩，猪肉价格温和上涨；但受灾害因素影响较大的鲜菜价格逐步回归正常波动，食品价格对 CPI 的拖累作用将有所减弱。另一方面，受租金、医疗保健和原油价格的影响，非食品价格仍将维持平稳增长。

在去产能及环保治理对供给边际影响减弱，以及基建投资、房地产投资及汽车投资等需求放缓的背景下，预计钢铁、煤炭等部分中上游工业品价格有所回落。国际原油价格可能呈现震荡走势，对 PPI 拉升作用减弱。考虑到基数效应，第四季度 PPI 同比涨幅呈现回落态势，预计 2018 年全年 PPI 上涨 3.8% 左右。

2018 年宏观经济形势与 2019 年经济展望

2018 年经济运行稳中有变、变中有忧。从中长期看，这是经济从高速增长转向高质量发展必经的经济结构转型之阵痛过程。从短期因素看，总需求增长乏力，加之政策叠加效应及负面影响的显现，经济增长动能不足。车辆购置税优惠政策取消直接带动汽车销售下降，引致社会消费品增长放缓；基建投资增长快速下滑是固定资产投资略降的主因；出口总额创历史新高，中美贸易摩擦及全球经济放缓对出口的影响在第 4 季度显现。

2019 年内外部环境都在发生变化，经济增速稳中趋缓。消费增长保持相对稳定，投资增速或低位企稳，出口形势不确定性较大。CPI 仍将保持温和上涨，而 PPI 或将超预期下滑。经济运行稳中有忧，一是工业品价格下降，企业陷入经营困难；二是债务违约率提高；三是宏观杠杆率重新上升；四是房地产价格、库存呈现较为复杂的走势。2019 年宏观调控政策应保持战略定力，规避强刺激经济带来更大风险隐患，加强政策沟通和协调，适时适度择机扩大人民币汇率波动区间；坚定不移深化供给侧结构性改革，充分发挥市场在资源配置中的决定性作用。

（一）2018 年经济稳中趋缓

经济运行稳中有变、变中有忧。从短期看，是总需求下滑引起的，也有政策叠加带来的影响；从中长期看，是经济从高速增长转向高质量发展必经的经济结构转型之痛。

1. 全年经济增长呈现放缓态势

全年国内生产总值增长 6.6%，4 个季度同比增长分别为 6.8%、6.7%、6.5% 和 6.4%，第一、第二、第三产业分别增长 3.5%、5.8% 和 7.6%。工业增速缓中趋稳。全年全国规模以上工业增加值实际增长 6.2%，比上年低 0.4 个百分点。企业利润逐步下滑，全国规模以上工业企业实现利润同比增长 10.3%，比上年同期低 10.7 个百分点。服务业保持较快发展，全国服务业生产指数增长 7.7%，比上年回落 0.5 个百分点。

经济结构继续优化。全年第三产业增加值占国内生产总值的比重为 52.2%，比上年提高 0.3 个百分点，高于第二产业 11.5 个百分点；对国内生产总值增长的贡献率为 59.7%，比上年提高 0.1 个百分点。消费作为经济增长主动力的作用进一步巩固，最终消费支出对国内生产总值增长的贡献率为 76.2%，比上年提高 18.6 个百分点，高于资本形成总额 43.8 个百分点。

2. 国内需求稳中放缓；中美贸易摩擦及全球经济放缓对出口的影响近期显现

车辆购置税优惠取消直接带动汽车销售下降，引致社会消费品零售总额增长放缓。 社会消费品零售总额增长 9.0%，增速比上年低 1.2 个百分点，为 2004 年 1 月以来的低值；实际增长 6.9%，比上年低 3 个百分点，为 2003 年 1 月以来的低值。在经济放缓、居民可支配收入增长减少以及负债快速增加的背景下，社会消费品增长放缓为正常现象。但 2009 年以来我国乘用车车辆购置税优惠政策的周期性变动，严重干扰了社会消费品增长变化态势。汽车销售在商品零售中为最大项目，与之相关的石油及制品类为第二大项目，2018 年分别占限额以上企业商品零售之比为 11.51% 和 5.78%。车辆购置税在 2016—2017 年存在优惠，2018 年优惠政策取消，加之受保有量不断提高、用车成本增加等因素影响，2018 年汽车零售下降 2.4%，增速分别较 2016 年、2017 年下降 12.5 个和 8 个百分点。若扣除汽车类商品，按相同口径计算，2018 年社会消费品零售总额同比增长 10.3%，增速比上年仅回落 0.4 个百分点。

基建投资增长快速下滑是固定资产投资略降的主因。 全年全国固定资产投资增长 5.9%，考虑价格因素，实际增长 0.28%，比上年回落 1 个百分点。从构成看，制造业增速持续处于回升过程中，全年投资增长 9.5%，为近三年的高点。房地产开发投资增长处于高位，全年增长 9.5%，比上年增长 2.5 个百分点。基建投资快速下滑，全年增长 3.8%，回落 16 个百分点，是拉低固定资产投资的主因。基建投资快速下滑主要是受防控地方政府债务风险、融资监管趋严、PPP 项目库集中清理等因素的影响，这是政策同时实施，并未设置合理的过渡期，也未考虑一些补短板基建投资的合理融资需求，造成基建投资快速下滑。

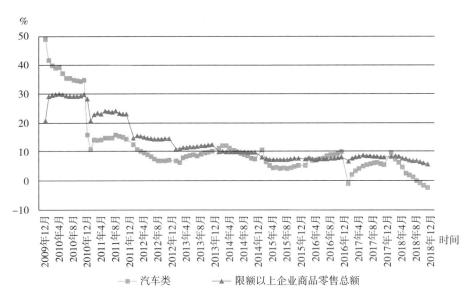

数据来源：Wind。

图 5 - 4　限额以上企业商品零售总额和汽车类累计同比变化情况

出口总额创历史新高，中美贸易摩擦及全球经济放缓对出口的影响在第 4 季度显现。全年出口增长 9.9%，分别比 2016 年和 2017 年提高 16.3 个和 2 个百分点。在美国正式确认第一轮 340 亿美元加征关税商品清单之后，7—9 月即将加征关税的 160 亿美元商品和 2000 亿美元的商品出现了明显出口提前迹象。中美贸易摩擦及全球经济放缓对出口的影响在第 4 季度显现，9—12 月当月同比分别为 15.2%、13.4%、5.7% 和 -4.4%。

3. CPI 温和上涨，PPI 涨幅回落

全年 CPI 上涨 2.1%，处于温和上涨区间；扣除食品和能源价格的核心 CPI 上涨 1.9%，比上年回落 0.3 个百分点。12 月，CPI 同比上涨 1.9%，环比与上月持平。全年 PPI 上涨 3.5%，比上年回落 2.8 个百分点；12 月同比上涨 0.9%，环比下降 1.0%。

4. 就业形势保持稳定，居民收入稳定增长

全年城镇新增就业 1361 万人，比上年多增 10 万人，连续 6 年保持在 1300 万人以上。12 月，全国城镇调查失业率为 4.9%，比上年同月下降 0.1 个百分点。各月全国城镇调查失业率保持在 4.8%～5.1%，实现了低于 5.5% 的预期目标。

全国居民人均可支配收入比上年增长 8.7%，扣除价格因素实际增长 6.5%。其中，城镇居民人均可支配收入比上年增长 7.8%，扣除价格因素实际增长 5.6%；农村居民人均可支配收入比上年增长 8.8%，扣除价格因素实际增长 6.6%。城乡居民人均收入倍差 2.69，比上年缩小 0.02。

5. 货币信贷规模合理增长

12 月末，M_2 同比增长 8.1%，增速比上月末高 0.1 个百分点；M_1 同比增长 1.5%，增速与上月末持平；人民币贷款余额 136.3 万亿元，同比增长 13.5%，增速分别比上月末和上年同期高 0.4 个和 0.8 个百分点。全年人民币贷款增加 16.17 万亿元，同比多增 2.64 万亿元。其中，住户部门贷款增加 7.36 万亿元，非金融企业及机关团体贷款增加 8.31 万亿元。

12 月同业拆借加权平均利率为 2.57%，比上月末高 0.08 个百分点，比上年同期低 0.34 个百分点。质押式回购加权平均利率为 2.68%，比上月末高 0.22 个百分点，比上年同期低 0.43 个百分点。

社会融资规模有序增长。从增量看，2018 年社会融资规模增量累计为 19.26 万亿元，比上年少 3.14 万亿元。从存量看，2018 年社会融资规模存量为 200.75 万亿元，同比增长 9.8%。

（二）2019 年经济增长仍将运行在合理区间

当前内外部环境都在发生变化，经济增长或将缓中趋稳，稳中有忧，国内需求增长乏力，出口形势不确定性较大，PPI 可能超预期下降，企业利润下滑，债务违约率上升，宏观杠杆率提高。

1. 投资增速或低位企稳

2018 年固定资产投资或低位企稳，甚至低位反弹。一是基建投资增长或有改善。目前《关于规范金融企业对地方政府和国有企业投融资行为有关问题的通知》等政策仍对地方政府资金来源产生影响；资管新规实施后，预计非标融资萎缩趋势难以改观，城投等各类地方融资平台仍面临较大融资约束。但基建投资增长大概率回升，幅度依赖于稳杠杆等各项政策的力度。2018 年下半年以来，国务院常务会议多次部署推进基建补短板工作，12 月召开的中央经济工作会议提出加大基础设施等领域补短板力度，2018 年基建投资补短板力度或有所增强。此外，PPP 项目整顿后，PPP 项目融资在 2018 年或逐渐恢复稳定，对基建投资增长形成支撑。二是房地产投资增长仍具有一定的弹性，平稳回落的可能性较高。从目前看，商品房销售面积累计同比持续下降，商品房销售回落抑制房地产投资意愿；棚改货币化将有所收紧，将弱化三四线城市房地产投资增长。不过，一些因素可能支撑房地产投资增长。在实施因城施策、分类指导，夯实城市政府主体责任的政策下，房地产需求较大、库存较低或人口流入较多的一、二线城市，房地产投资维持增长的可能性较高。建立租购并举的住房制度将是未来政策的着力点，随着相关支持政策的陆续出台和实施，带动房地产投资增长。此外，从中央经济工作会议至今，不少地方在调整楼市政策，主要是对严厉的限购、限售、限价、限土拍、限商改住等矫枉过正的政策进行修正，一些短期的、不合理的行政措施回归市场。"去杠杆"政策向"稳杠杆"政策的转变，房企资金压力将会得到一定缓解。三是制造业投资增速或维持相对稳定。2019 年工业品价格增长大概率放缓，制造业企业营业收入和利润增速可能收窄，影响制造业企业投资积极性。若明年外需增长缓慢，也将影响与出口相关的制造业企业投资增长。不过，随着降低制造业增值税税率、统一增值税小规模纳税人标准等税收政策的实施，制造业企业的税收成本将进一步降低，有利于制造业投资增长。

2. 消费增长保持相对稳定

居民人均可支配收入从 2017 年以来处于放缓态势，加之居民部门大量加杠杆购买住房，高负债将继续抑制消费增长。此外，房地产销售放缓将带来家具、装潢、家电等消费的下滑。不过，个人所得税法修正案落地，个人所得税专项附加扣减方案将于 2019 年开始实施，预计个税抵扣规模在 1000 亿元左右，这将增加居民收入，有助于消费增长。随着乡村振兴战略的推进，农村消费在一定程度上促进消费增长。此外，拉低 2018 年社会消费品零售总额增速的主要是汽车销售，预计 2019 年汽车销售下滑的力度减弱，而其他商品消费增长具有一定的惯性。预计社会消费品零售总额将缓中趋稳。

3. 预计出口下行程度较大

2019 年全球经济大概率放缓，外需对出口的拉动作用将明显减弱。2018 年我国出口抢跑现象明显，第 4 季度抢跑现象已经弱化，对 2019 年外贸订单将产生一定影响。不过，转口贸易、推动出口市场多元化等政策的实施，加之"一带一路"倡议的推进有助于减轻外需及贸易摩擦对出口的不利影响。

4. CPI 保持温和上涨，PPI 或将超预期下滑

在经济放缓态势下，总需求变化对价格影响较小，价格走势主要受结构性因素的影响。消费升级及人口结构变化仍推动服务价格平稳增长；受供给持续收缩的影响，猪肉价格处于上升通道，可能推动 2019 年 CPI 涨幅略有扩大。伴随环保治理的影响减弱，企业产能恢复，预计工业品供给相对增加；在投资需求增长乏力的情景下，中上游部分工业品价格或将小幅下滑，PPI 同比涨幅或将明显回落，工业品价格通货紧缩的可能性较高。

5. 经济运行稳中有忧

部分工业品产能过剩重新出现，企业陷入经营困难。2019年去产能接近尾声，环保治理由"一刀切"转向分类限产，整体限产力度或将有所减弱；前期受到影响的部分中上游工业品价格上涨较高，刺激部分工业品供给增加。从需求端看，在房地产投资增长略有下滑、基建投资增速回升幅度有限、汽车销售下降的情况下，对中上游相关行业的工业品需求将有所回落。部分工业品产能过剩将出现，部分工业品价格可能大幅度下滑，部分中上游企业利润下滑，甚至亏损。伴随中上游部分工业品价格的下降，前期受到中上游挤压的部分中下游企业经营可能有所好转。

预计宏观杠杆率上升。从微观看，一方面，受全球经济放缓的影响，与出口行业相关的企业受到影响；中上游工业品价格开始下降，特别是处于中上游的企业利润将较快下降，甚至亏损。另一方面，出于稳金融、稳增长的需求，相对宽松货币金融环境仍将继续，加之促进宽信用的非市场化的政策效果显现，企业负债相对增加，企业微观杠杆率上升。从宏观看，前期非金融企业杠杆率下降主要源于工业品价格上涨带来的名义GDP的增长，2019年部分中上游工业品价格下降预计带来工业品价格通货紧缩，GDP平减指数的下降以及名义GDP增速的放缓在很大程度上继续推动非金融企业的杠杆率的上升。而居民部门负债率仍将快于名义增速，2019年地方政府隐性债务可能显性化，中央政府债务可能增加。宏观经济杠杆率在2019年保持上涨，政策陷入两难。

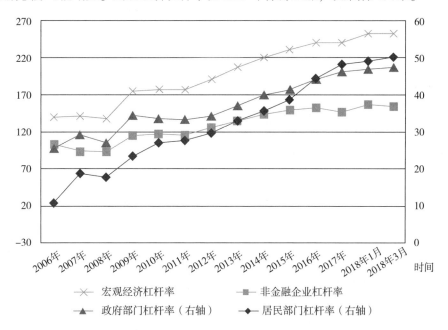

数据来源：Wind。

图 5-5　杠杆率变化情况

房地产调控政策、房地产价格、库存呈现较为复杂的走势。在目前实施因城施策、分类指导，夯实城市政府主体责任的政策下，房地产行业发展一直在多目标之间摇摆不定，房地产长效机制内容空洞无物，建立房地产长效机制成为一种政策口号，房地产投资、销售、价格等房地产行业各项指标走势呈现明显的政策周期。从房地产价格走势看，在严厉的限购、限售、限价、限土拍、限商改住等调控政策下，房地产价格仍呈现上升态势。2018 年 12 月，4 个一线城市新建商品住宅销售价格环比上涨 1.3%，涨幅比上月扩大 1.0 个百分点；31 个二线城市新建商品住宅和二手住宅销售价格分别上涨 0.7% 和 0.1%；35 个三线城市新建商品住宅和二手住宅销售价格分别上涨 0.7% 和 0.3%。从土地购置面积看，在房地产价格上升以及房地产库存下降的刺激下，待开发土地面积和本年购置土地面积累计同比，2018 年末处于 2014 年 4 月以来的高位；房地产新开工面积、房屋施工面积都处于 2017 年以来的高位。

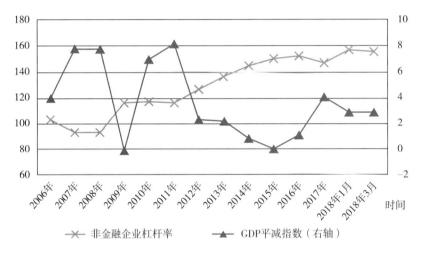

数据来源：Wind。

图 5 - 6　非金融企业杠杆率、GDP 平减指数变化趋势

金融风险，特别是债务违约率可能上升。在经济放缓、经济结构转型过程中，加之市场制度与机制问题、企业行业周期性特征及企业异质性，以及承销、评级等环节中介机构未尽到的责任，企业债务违约是正常现象。2018 年，违约的信用债有 125 只，规模 1160 亿元，超过了以前年份。在 2019 年经济增速下行压力较大，企业利润增速放缓的背景下，预计企业债务违约率上升，规模增加。

短期宏观政策的隐患值得关注。在经济较好的情况下，结构性改革的内生动力不足，改革进展不大。在经济放缓背景下，结构性改革带来的阵痛无人愿意承担，刺激性宽松宏观政策总是受到各方欢迎。2008 年至今，适度扩大总需求已经持续实施 10 年，积极的财政政策和稳健的货币政策的边际效果明显递减，刺激性政策的短期效果容易受到关注，而负面影响可能受到忽视。

（三）保持战略定力，发挥市场在资源配置中的决定性作用

1. 短期宏观调控政策实施应保持战略定力

在采取应对经济波动政策时，暗含的对经济增速就有两个截然不同的判断，一个判断是经济增速仍处在潜在经济增长率的合理区间；另一个判断是经济增速低于潜在经济增长率较多。当前多数对 2019 年经济增长的预测在 6% 以上，中值在 6.3% 左右。如果 6% 以上的经济增速仍处在潜在经济增长率的区间内，那么经济增速放缓具有必然性，短期宏观调控政策应该保持战略定力。

2. 规避强刺激经济带来更大风险隐患

当前应坚持以供给侧结构性改革为主线，着力激发市场活力、需求潜力和内生动力。强化结构性政策中的体制机制建设，宏观政策要把握好逆周期调节的力度，防止过度宽货币、行政化宽信用以及过度放松监管。

在经济增长超预期下滑的情景下，政府部门、企业部门和居民部门共渡难关，规避强刺激经济带来的道德风险及更大风险隐患。

一是目前中国宏观杠杆率已经处于历史最高位，宏观调控政策应规避导致宏观杠杆率的再次大幅度上升。2016 年以来，去杠杆的后果是政府部门和居民部门的上涨、非金融企业部门杠杆率的相对稳定。在部分工业品价格下行、企业利润增速放缓的背景下，2019 年内非金融企业杠杆率将上涨；政府部门隐性债务的显性化也增加政府杠杆率，而信用卡、消费贷以及其他居民负债的增长，居民部门杠杆率也将上涨，预计2019 年内生性的宏观经济杠杆率上升。强刺激政策将进一步加快宏观经济杠杆率上升，压缩未来政策调整的弹性空间。

二是企业不能过度依赖政府救助。在经济结构转型升级过程中，传统企业倒闭破产无可避免，规避传统企业倒闭破产必然延缓结构转型和产业升级。应当允许大量经营不善的国有、民营企业破产重组，这样，社会资本、人才才能流动到新领域、新行业，改善社会资源配置，提高全要素生产率。对于违法违规、恶意欺骗市场的企业应当加大惩罚力度。在此过程中，稳健货币政策应侧重于提供经济增长的适宜货币金融环境；信用扩张应主要依靠企业和商业银行内生的市场化机制进行协调，规避"行政之手"介入带来的一系列隐患。

三是避免宏观调控政策在不同部门、不同群体之间的利益分配效应。例如，在前期房地产调控中，房地产库存大幅度增加是房地产开发企业以及诸如商业银行等相关利益者的决策错误造成的，房地产企业以及诸如商业银行应该承担错误决策带来的损

失。但在去库存政策实施过程中，房地产价格不仅未下降，并且短期内大幅度上涨，房地产库存也从房地产部门转移给居民部门，房地产开发商以及相关利益者不仅未因错误决策遭受损失，还以房地产价格上涨的方式获得额外收益。此外，几轮房地产调控政策的经验预示尽管短期房地产库存减少，但在房地产价格上涨的刺激下，未来减少的房地产库存仍会恢复。而且，去库存政策推动居民部门负债在短期内大幅度上涨，推升了居民部门的杠杆率，抑制了居民消费增长，从中长期影响了经济可持续增长的基础。

3. 加强政策沟通和协调

2016 年开始的去产能（减少供给）、环保治理（影响供给）、房地产去库存（增加需求）、促进汽车消费（增加需求）等政策方向不一致，导致部分中上游工业品价格快速上涨，挤压了中下游企业利润。2018 年去杠杆政策、加强金融监管、控制地方政府债务等单个政策的实施都是合理的，但与更加积极的财政政策、稳健中性的货币政策的方向并不一致，在一定程度上加剧了经济放缓、信用紧缩等问题。2019 年需加强各项政策沟通和协调，适度进行政策微调，把握好各项政策出台的力度、节奏和时点。

4. 积极财政政策要提高效果，大幅度减税降费，以实现经济内生性增长

我国积极的财政政策已经实施 10 年，延续固有财政政策思路，特别是继续加大基建投资，是不合时宜的，应进一步调整积极财政政策的支出渠道，改变积极财政政策的手段，提高财政政策的效果。更为重要的是，切实有效大幅度降低税费，切实降低企业运营成本，提高居民可支配收入，以此促进企业投资和居民消费，可实现经济内生性的中长期增长。当前我国宏观经济已经步入下行周期，贸易战也为未来经济增长带来不确定性和潜在风险，应以实实在在的减税降费等综合性方案促进经济内生性增长，促进居民消费增长的可持续性。

5. 适时适度择机扩大人民币汇率波动区间

货币政策则在保持流动性合理充裕的同时，坚持稳健中性取向，为稳增长、稳杠杆、防控化解风险创造适宜环境。针对跨境资金流动渠道不断增多、人民币汇率双向波动弹性不断增强的新趋势，在主要发达经济体货币政策趋紧、美联储缩表加息、新兴市场经济体汇率贬值的背景下，可以顺势而为，以外汇市场供求关系为基础确定人民币汇率，维持外汇储备余额的相对稳定，最终以市场方式推动国内产业结构的升级，实现内需与外需的均衡。

6. 坚定不移深化供给侧结构性改革

大力放开市场准入，以降低政府参与行业程度的方式消除行业的垄断，真正落实竞争中性原则，切实改善营商环境。

房地产调控政策效果评估

随着房地产去库存进程加快、房地产市场发展形势的变化，2014 年以来，房地产调控经历了由松到紧的转变。近期，房价涨幅回落，商品房成交规模趋稳，政策效果不断显现。但是，居民部门杠杆率仍呈上升趋势，居民加杠杆买房的潜在风险不容忽视。回顾本轮调控政策，当前调控手段仍以行政干预、限制需求为主，同时，地方与中央政府调控目标存在不一致状况，政府对房地产行业的发展定位不明确。未来，从短期看，需要保持定力，推进房地产市场平稳发展。从中长期看，要让房地产行业回归为国民经济中一个重要的普通行业的属性，强化政府在房地产市场中的公共服务角色。

（一）近年来房地产调控政策

2014 年以来，在前期部分地方政府过量开发的影响下，全国商品房待售面积持续增加，房地产去库存任务艰巨。为化解房地产库存，促进房地产业持续发展，除一线城市以外的多地政府因城施策，出台一系列宽松政策，以公积金政策调整为主，包括财政补贴和税费减免等政策，刺激需求特别是改善性需求释放。同时，中国人民银行、中国银监会以及住建部将第一套房首付比例降低到 20%，一套房未还清、贷款购买第二套房最低首付比例下调到 40%，一套房贷款还清、使用住房公积金申请购买住房的首付比例降至 30%。财政部等对房地产交易环节契税、营业税优惠进行调整，个人将购买 2 年以上（含 2 年）普通住房对外销售，免征营业税。随着相关宽松政策的实施，房地产去库存进程加快，但与此同时，一线城市及部分二线城市房价也有较大幅度增长，政策环境呈现分化局面。

在此背景下，在中央政府层面，金融财税政策实行差异化调整，保障房地产市场平稳运行。2016 年 2 月，中国人民银行、中国银监会发布《关于调整个人住房贷款政策有关问题的通知》，在不实施"限购"措施的城市，首套房商贷最低首付比例可向下浮动 5 个百分点至 20%，二套房商贷首付比例降至 30%；财政部、国家税务总局、住建部联合发布《关于调整房地产交易环节契税营业税优惠政策的通知》，下调非一线城市房地产交易环节契税、营业税。针对新房，首套 90 平方米以上的房屋契税下调至 1.5%，同时二套房契税全面下调；针对二手房，个人将购买 2 年以上（含 2 年）的非普通住房对外销售的免征营业税。随着营改增的全面实施，营业税优惠政策平移，针对二手房增值税，仍保持原营业税优惠在地方政府层面，一方面，以北京为代表的热点城市相继出台政策，开始实施限购或对已出台的限购政策加码，抑制房价过快上升，打击住房投机需求。2016 年 3 月，上海、深圳限购加码；5 月，北京市通州区实施商住限购，苏州、南京等热点二三线城市通过限价、限贷、加强监管等措施稳定房地产市场；国庆节前后，又有 22 个城市密集出台调控政策，通过提高购房门槛、调整贷款首付比例等遏制投资投机性需求。另一方面，库存压力较大的三四线城市仍坚持去库存策略，采取差别化供地政策、推进棚改货币化安置、推动房地产功能转型、加大信贷财税优惠力度、鼓励农民工进城购房等措施，从供需两端改善市场环境。

2017 年以来，房地产政策坚持"房子是用来住的，不是用来炒的"基调，调控政策从传统的需求端抑制向供给侧增加进行转变，供应结构优化。同时，短期调控与长效机制的衔接更为紧密，大力培育发展住房租赁市场、深化发展共有产权住房试点，在控制房价水平的同时，完善多层次住房供应体系，构建租购并举的住房制度，推动长效机制的建立健全。在中央政府层面，中央坚持住房居住属性定位，加快制度建设促进市场平稳发展。2017 年 2 月，在中央财经领导小组第十五次会议上，习近平总书记指出，建立促进房地产市场平稳健康发展长效机制，要充分考虑到房地产市场特点，紧紧把握"房子是用来住的，不是用来炒的"的定位，深入研究短期和长期相结合的长效机制和基础性制度安排。2017 年 10 月，党的十九大报告提出，"要加快建立多主体供给、多渠道保障、租购并举的住房制度，让全体人民住有所居。"2017 年 12 月，中央经济工作会议提出，要发展住房租赁市场特别是长期租赁，保护租赁利益相关方合法权益，支持专业化、机构化住房租赁企业发展。完善促进房地产市场平稳健康发展的长效机制，保持房地产市场调控政策连续性和稳定性，分清中央和地方事权，实行差别化调控。在地方政府层面，各地以城市群为重点，因城施策，调控从中心城市向周边三四线城市逐步扩围。2016 年，实施房地产调控的主要是一二线热点城市，2017 年以来，调控政策从单个城市向城市群协同、片区联动收紧转变。2017 年上半年，长三角、珠三角、京津冀三大城市群内部三四线城市联动中心城市出台收紧政策；下半年，三四线城市调控进一步扩围，调控政策集中在山东半岛城市群、海西城市群、安徽中部及中西部地区重点城市周边的三四线城市。截至 2018 年 6 月，全国共有 99 个地级以上城市、43 个县级城市共出台 300

多项调控政策，其中海南、河北等省份实行从省级全面调控。

（二）房地产调控的政策效果

随着新一轮房地产调控政策的不断实施，中央及地方政府从供需两端发力推动房地产市场平稳健康发展，政策效果不断显现，房价涨幅明显回落，商品房成交规模趋稳，房地产去库存取得一定成效，土地供给有所扩大。但是，居民部门杠杆率仍呈上升趋势，居民加杠杆买房的潜在风险不容忽视。

1. 房价涨幅有所回落，各线城市涨幅分化

自 2016 年 9 月，新一轮房地产调控政策实施以来，我国房价整体仍呈上涨趋势，但上涨速度有所减缓。从中国指数研究院发布的百城房价指数看，自 2015 年 8 月以来，房价同比涨幅由负转正，并呈扩大趋势，2016 年 5 月起，同比涨幅超过 10%，房价过快上涨的态势显现。随着房地产调控政策的不断出台和趋严，房价同比涨幅自 2017 年 1 月达到 18.86% 的峰值后开始回落，自 2017 年 9 月涨幅降至 10% 以下。从 70 个大中城市看，新建商品住宅价格指数同比涨幅自 2015 年 12 月由负转正，在 2016 年 12 月达到 10.8% 的峰值后也呈回落趋势，但在 2018 年 5 月以来又有所回升；二手住宅价格指数同比涨幅自 2015 年 11 月由负转正，在 2017 年 1 月达到 8% 的峰值后也呈回落趋势，但在 2018 年 4 月以来又有所回升。

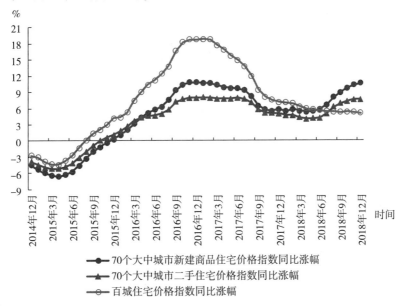

数据来源：Wind。

图 5 – 7　百城及 70 个大中城市住宅价格指数同比变动情况

不同城市房价走势出现分化。从 70 个大中城市看，2015 年 6 月以来，一线城市新建商品住宅和二手住宅价格即开始上涨，并自 2015 年 12 月以来同比涨幅超过 20%，随着 2016 年 9 月，一线城市房地产调控政策加码，房价涨幅开始回落。二线城市房价自 2015 年 11 月起开始上涨，并在 2016 年 11 月以来涨幅有所回落。但一二线城市的限购政策导致需求外溢，带动周边三四线城市购房需求上涨，三线城市房价自 2016 年 4 月起开始上涨，近期涨幅仍然较高。

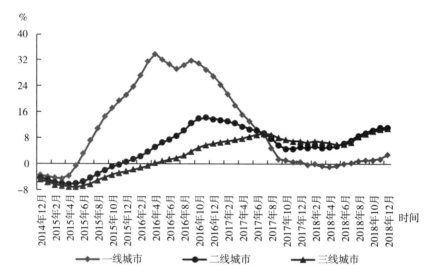

数据来源：Wind。

图 5 – 8　一二三线城市新建商品住宅价格指数同比变动情况

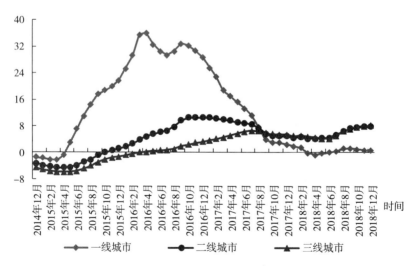

数据来源：Wind。

图 5 – 9　一二三线城市二手住宅价格指数同比变动情况

2. 商品房成交规模趋稳

2016 年 1—2 月，商品房销售面积累计同比涨幅由 2015 年全年的 6.5% 迅速上升至 28.2%，住宅销售面积累计同比涨幅由 6.9% 升至 30.4%，并在 2016 年全年均保持 20% 以上的同比涨幅。随着房地产调控政策的不断显现，2017 年以来，商品房销售面积累计同比涨幅呈回落态势，2017 年 10 月以来再次降至 10% 以下。2018 年，商品房销售面积同比增长 1.3%，涨幅比 2017 年低 6.4 个百分点，比 2016 年低 21.2 个百分点。其中住房销售面积同比增长 2.2%，涨幅比 2017 年低 3.1 个百分点，比 2016 年低 20.2 个百分点。

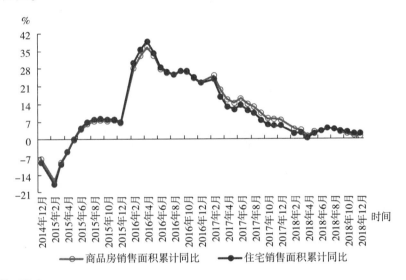

数据来源：Wind。

图 5 – 10　商品房及住宅销售面积同比变动情况

3. 房地产去库存取得一定成效

在前期高房价刺激下，开发商大规模开发建设、居民购买能力不足，房地产库存过多。2016 年以来，随着棚改货币化安置、利用存量房发展跨界地产等政策施行，房地产去库存任务有效推进，去库存周期明显缩短。从去化周期看，2017 年末，现房库存的去化周期降至 4.2 个月，比 2016 年减少 1.1 个月、比 2015 年减少 2.5 个月；可售现期房库存的去化周期降至 4.4 年，比 2016 年减少 0.2 年、比 2015 年减少 1.1 年。

表 5 - 1　　　　　　　　商品房库存周期变化情况　　　　单位：亿平方米，月，年

年份	房屋施工面积	房屋竣工面积	商品房待售面积	商品房销售面积	现房库存周期	可售现期房库存
2008	28.33	6.65	1.86	6.60	3.4	3.6
2009	32.04	7.27	1.99	9.48	2.5	2.8
2010	40.54	7.87	1.92	10.48	2.2	3.3
2011	50.68	9.26	2.72	10.94	3.0	4.0
2012	57.34	9.94	3.65	11.13	3.9	4.6
2013	66.56	10.14	4.93	13.06	4.5	4.7
2014	72.65	10.75	6.22	12.06	6.2	5.6
2015	73.57	10.00	7.19	12.85	6.7	5.5
2016	75.90	10.61	6.95	15.73	5.3	4.6
2017	78.15	10.15	5.89	16.94	4.2	4.4

注：（1）现房库存，是指报告期末已经竣工的待售现房，现房库存周期 = 商品房待售面积/当年商品房销售面积。
（2）可售现期房库存，是指在现房库存的基础上，增加尚未竣工但已经取得预售许可证的、可供销售或出租的商品房屋建筑面积。可售现期房库存周期 =（房屋施工面积 - 房屋竣工面积 + 商品房待售面积）/当年商品房销售面积。

数据来源：牛犁，胡祖铨. 我国房地产库存现状及去库存政策建议 [J]. 财经界（学术版），2017（3）：6 - 7.

4. 土地供给有所扩大

2017 年以来，房地产市场供给端调控政策不断推出，北京、上海、沈阳等城市开展利用集体建设用地建设租赁住房试点，盘活集体建设用地等低成本用地，扩大土地供给。地方用地供应管理进一步完善，对土地供应环节中的事前、事中、事后管理不断加强，成交土地的溢价率总体呈回落态势。从 100 个大中城市住宅类用地供应看，供应土地面积累计同比涨幅自 2017 年 9 月起多超过 20%，2018 年同比增长 22.4%。成交土地面积累计同比涨幅自 2017 年 1 月起多超过 20%，2018 年同比增长 9.8%。成交土地溢价率自 2016 年 9 月达到 77.6% 的峰值后，总体有所回落，2018 年 12 月，溢价率降至 8.6%，比上年同期低 8 个百分点。

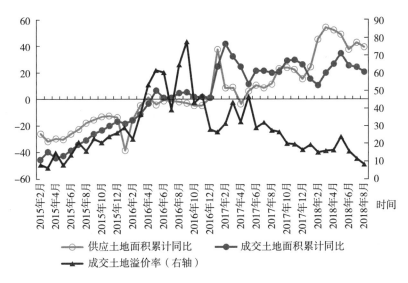

数据来源：Wind。

图 5 - 11　供应及成交面积累计同比及成交土地溢价率变动情况

5. 居民杠杆率不断上升

伴随 2015 年下半年开始的房价全面上升，居民部门贷款逐步增长，居民部门杠杆率不断上升，居民加杠杆买房的潜在风险不容忽视。2018 年第 3 季度末，居民部门杠杆率上升至 52.2%，比 2017 年末又上升了 3.2 个百分点（张晓晶等，2019）。从贷款余额来看，中长期个人住房抵押贷款余额占住户部门全部贷款余额的比重在 2014 年为52.4%，2015 年上升到 55%，2016 年大幅上升到 60.3%，2017 年进一步上升至 61%。从新增贷款来看，新增中长期个人住房抵押贷款占住户部门全部新增贷款的比重在2014 年为 54.7%，2015 年提高到 70.5%，2016 年进一步提高至 83%。此外，在最近一轮的房地产调控中，严格的"限贷"使一部分购房贷款需求借道其他类型的贷款（如消费贷、信用贷等），但最终实际还是流向了房地产市场，这部分加杠杆行为虽未反映在统计数据中，但也增加了居民的偿债负担，扩大了潜在风险。

（三）当前房地产调控中存在的主要问题

在当前房地产调控中，由于围绕房地产行业的众多基本问题认识模糊，基本问题没有研究清楚，导致房地产调控中存在不当之处。

1. 当前调控手段以行政干预为主

自 2010 年引入"限购"这一政策措施以来，本轮调控中将限制性政策不断升级持续加码，作用发挥到了极致，紧缩力度前所未有，其涵盖范围不断扩大，由单一限购逐渐升级为"限购、限贷、限售、限价、限土拍、限商改住"等多种措施体系。在此过程中，房地产市场调控中存在的一些漏洞，如企业购房、离婚后购房等，也陆续被修补，纳入调控范围。

严格的一体化限制性措施进一步强化了政策效果，有助于房地产市场退烧降温，市场活跃度下降，但也带来了一些弊端。弊端尤为明显的是限价政策，为了避免因房价上涨明显受到约谈，部分热点城市采取了更为直接的进行房价管制的限价政策。限价政策导致部分城市同一区域新房和二手房价格出现较显著的倒挂，套利机会的存在使人产生"买到即是赚到"的心理，一些本来并不需要买房的人在这种预期的刺激下也加入买房大军中，在抢购新房、新盘开盘即售罄造成的一房难求的情形下，只得配套出台"验资、摇号"制度分配新房房源。此外，不仅出现了高价房无法网签，还出现了精装房改成毛坯销售、收取"号头费"、关系户等乱象。

限购是一种非市场、非经济的调控手段，为了抑制投机性需求，采取这类措施有其合理性，但必须承认的是，此类限制性的调控措施往往会造成市场效率的损失和社会福利的降低，并可能为将来市场机制有效运行带来潜在的风险隐患，故这类调控措施是权宜之计而非长久之计。

2. 在城市化过程中以限制需求为主

2017 年以来，虽然增加土地供应、盘活存量房等供给端调控政策不断推出，但本轮调控仍侧重于在需求端发力，各地方政府调控手段仍以限购、限贷等手段为主，提高首付比例、上调房贷利率、限购等政策不断趋于严格，起到了抑制或延迟需求释放的作用。但压制需求的作用是暂时性的，无法真正解决房地产市场存在的根本矛盾，严格的限制性措施对投机需求能起到一定的抑制作用，但同时在某种程度上也会增加刚性需求群体购房的难度，加大刚性正常购房者的负担。刚性需求的存在使潜在购房需求较为旺盛，始终面临释放的压力，投机需求随着刚性需求的释放也会卷土重来，两者相互叠加引起房地产市场更大的波动。

与此同时，调控趋严往往会使房地产商融资难度上升，融资条件收紧会引起部分资金链紧张的房地产商因资金压力而采取降低价格、薄利多销的销售策略，以加快回笼资金。不过也要看到，收紧房地产商融资条件存在滞后效应，将对房地产开发投资产生影响，进而对未来一段时间的供应会产生不利影响，若与需求较快释放同时出现，会引起市场的急剧波动。

3. 在因城施策实施过程中地方政府与中央政府的调控目标出现不一致

土地位置的固定性使土地要素具有不可流动性，房地产市场由此具有非常强烈的地方特色。本轮调控中的一个显著特点是，中央强调和压实地方调控的主体责任，改变了以往中央统一进行调控的"一刀切"做法，地方政府在调控中担负起了"因城施策"的任务，这是很大的改进，是取得较好调控效果的重要基础，但在实际过程中，由于中央和地方目标差异也出现了一些问题。

在针对房地产市场的调控中，中央政府和地方政府的目标是存在差异的，中央政府的目标是稳定房地产市场，防范泡沫风险过度积累最终引发危机，而地方政府的目标与此却是存在一定冲突的。地方政府可以通过当地房地产市场的非理性繁荣拉动GDP增速，在房地产市场火热中获取土地出让收入和房地产有关的税费收入，若将相关税费收入投入建设中，还可以提升当地基础设施水平及改善人民生活水平和居住条件，获得更高的政绩评价。虽然面临中央政府要求稳定房地产市场的压力，但作为实际上的受益者，一定程度上是倾向于房地产市场出现火热行情的。从主观上看，地方政府其实是不情愿进行房地产市场调控的，调控的积极性和主动性不足，更多的是中央政府压力传导下的被动调控。

在房地产市场调控中始终存在着中央政府和地方政府的博弈，地方政府在调控过程中也会不断试探中央的底线和决心，通过打着落实中央允许或鼓励的政策的旗号变相对调控政策进行调整。比如人才引进政策、深化户籍制度改革，通过放宽落户条件推动户籍人口增加，在不改变限购政策的前提下增加了潜在购房人群，还实施购房补贴等进一步增强这部分人群的购房能力。2018年10月10日，国家发展改革委办公厅发布《关于督察〈推动1亿非户籍人口在城市落户方案〉落实情况的通知》，就引起了一些疑惑和争论。推动非户籍人口在城市落户，是推进新型城镇化和经济发展的必然趋势和内在要求，但若被部分地方拿来当作托底房地产市场的政策工具，不仅会给房地产市场平稳健康发展带来危害，最终会损害经济高质量可持续发展。类似的这些做法，既在中央允许或鼓励的范围内，符合中央大政方针，也确实对地方发展具有重要意义。但不可否认的是，的确也给当地房地产市场带来了新的增量需求，推升了购房需求，引起了人们预期的变化。

4. 未来房地产库存仍面临反弹风险

历史上商品房销售面积增速领先或同步于新开工面积增速，当新开工面积增长较快时，随着销售面积增速回落，商品房待售面积增速会逐渐上升。自提出"去库存"以来，商品房销售面积累计增速于2016年4月见顶，为36.5%，此后逐渐回落，2017年10月降至个位数，2018年9月为2.9%。新开工面积累计增速同步于2016年4月见顶，为21.4%，此后有所回落，2017年下半年回落至个位数，但2018年以来逐渐加快，9月达到16.4%。与此同时，在"去库存"政策的支持下，商品房待售面积累计增速逐渐回落，于2016年11月进入负值区间，并继续走低至2018年2月的-17.1%，此后逐渐回升，2018年9月为-13.0%。商品房待售面积于2016年2月达到最高的7.39亿平方米后，除个别月份有所回升外，总体呈现下降态势，2018年9月为5.32亿平方米，大体接近于 2014 年 4 月、5 月的水平。

随着房地产调控政策坚持不放松，加之棚改货币化安置比例降低边际效应增强，市场预期变化将引导房地产市场维持降温态势，未来商品房销售面积大概率将继续下探，在新开工面积仍保持较快增长和房地产价格维持高位的情况下，不排除房地产待售面积再次出现较大幅度反弹的可能。

5. 政府定位房地产行业发展的主要目标不明

一个亟待澄清的问题，也是近年来最重要的问题是，政府定位的房地产行业发展的主要目标是什么？主要目标是满足城乡居民日益增长的居住需求？还是有其他目标。例如防止居民的住房信贷风险，显然也不是，如果单纯防止居民住房信贷风险，提高住房信贷的首付贷比例即可，可以限贷，并不需要限购，并且也不需要房地产去库存政策，因为房地产去库存推高了房价，把库存从开发商持有转移到居民持有，推升居民部门杠杆率迅速攀升，增加了房地产信贷的风险。防止房地产价格过快上涨，显然也不是，如果是防止房地产价格过快上涨，就不需要推进房地产去库存政策，因为房地产库存高可以迫使房地产开发商降低房价，可以更好地满足城乡居民住房需求，而去库存政策会增加需求，推升房价。总之，从过去多年政府频繁干预房地产市场出台的政策看，政府干预房地产市场的目标一直模糊不清。

（四）关于房地产行业的一些看法

在讨论当前我国房地产行业问题时，需要注意的几个大前提。**一是**从全球主要经济体看，房地产行业和其他商品行业一样，也遵循市场供给与需求的规律，目前没有任何理论论据和实证分析发现房地产行业异于其他商品供给与需求之处，没有任何理论论据和实证分析支持房地产行业需要政府部门在其中深度参与。**二是**在我国社会经济高速增长的四十年过程中，经济高增长及相应的居民收入的高增长，带来居民住房改善需求急剧增加是经济发展过程中的正常现象。由于特殊的国情和经济发展阶段，特别是城乡差异大、城市化率低，在过去 20 年我国经历了急剧的城市化过程，我国住房需求的持续高涨，以及由此带来的高房价，应该属于经济高速发展过程中的正常现象，在全球各个主要经济体都经历过这个阶段，不过由于特殊的国情，与其他大型经济体相比，我国住房需求增长及房价上涨可能更加迅速。**三是**要承认在我国经济高速发展、城市化进展迅速的过程中，房地产行业在改善我国城乡居住条件方面是成功的，并且这种成绩的取得主要应该归因于房地产行业供给方面的市场化改革。**四是**我国房地产供给与需求具有特殊性。从供给看，土地供给是国有的，政府部门对于房地产的土地供应完全处于垄断地位；此外，政府对于市场化的房地产公司在很大程度上也具有很强的影响力。从需求看，主要是人数众多的城乡居民，并且这些需求者在很大程度上受到商业银行信贷的约束。在这些前提下，对我国房地产政策讨论才能得出有益的建议。

从短期看，需要保持定力，推进房地产市场稳定发展。 尽管当前房地产调控政策存在一些问题，但在房地产长效机制尚未建立的情况下，仍有继续坚持的必要，否则房价趋于平稳这一来之不易的调控成果可能功亏一篑。最重要的是，房地产调控政策不宜再作为稳增长的工具，若再出现政策的摇摆和反复，房价上涨预期将卷土重来，未来恐酿成更大的泡沫和更严重的危害。**首先，保持房地产金融政策基本稳定。** 在居民层面，差别化的住房抵押贷款政策应长期保持基本稳定，坚持稳健审慎原则，避免进行频繁调整，稳定购房者预期，支持刚需和改善型购房需求，全面抑制投机性需求，引导房地产回归居住属性。在房地产开发商层面，应支持其合理融资需求，规范资金用途，防止过度融资形成过高的杠杆率。**其次，发展住房租赁市场。** 从需求端看，以保障民生为导向，放宽公租房的准入条件，着力减轻低收入群体和新市民的住房压力，允许提取公积金支付房租，保障承租人权益。从供给端看，支持发展专业化、规模化的租赁企业，加大公共租赁住房供应，利用税收等手段鼓励空置、闲置房源进入租赁市场。从监管看，完善租赁市场管理法律法规体系，规范住房租赁企业、中介机构和从业人员行为，建立公开的房屋租赁信息服务与监管平台，加大对违法违规行为的处罚力度，严格保护承租人利益，改善租户承租体验，形成稳定的长期租赁预期。**最后，丰富住房供应主体，多渠道解决居住问题。** 应因地制宜发展多种住房供应主体，通过构建多层次住房体系满足多样化居住需求，提高房地产供需匹配度。积极探索多元化住宅供应，供应主体由开发商为主转变为政府、开发商、租赁公司等多种渠道，供应形式从由商品房为主转向共有产权房、集体用地建设租赁房、商品房、租赁房等多种形式。

从中长期看，让房地产行业回归为国民经济中一个重要的普通行业的属性，强化政府在房地产市场中公共服务角色，规避政府作为房地产市场供需双方中任何一方的利益相关者角色。 对已存在问题的不利影响也要加以关注和重视，需逐渐适时适度进行预调微调，减轻对房地产市场正常供求的扭曲，加快让房地产行业回归为国民经济中一个重要行业的属性。坚决禁止短期调控政策在大方向上与房地产行业作为一个重要行业属性的偏离，否则形成的制度依赖、利益依赖等组成的路径依赖导致房地产市场的问题无法有效解决，应加快建立多主体供应、多渠道保障、租购并举的住房制度，确保房地产市场平稳健康发展。

一是改革政绩考核制度。 改变政绩考核以经济考核为主，降低 GDP、财政收入等经济指标的比重，增加对民生问题、资源环境保护等的权重，建立科学合理的考核指标体系。通过在政绩考核上给地方政府松绑经济增长方面的压力，鼓励地方政府通过转变发展方式提高发展质量和效益，推进财税体制改革，降低地方政府对土地出让收入和房地产相关税收的依赖程度。

二是完善"人地挂钩"机制，优化土地供应。在现行的农业转移人口与建设用地规模挂钩的基础上，建立建设用地规模随常住人口增加而增加的机制，在坚守耕地红线的同时通过跨省耕地占补平衡合理调增热点城市建设用地。统筹考虑各类用地需求，优先保障居住等涉及民生领域的建设用地、优化工业用地、住宅用地和商业用地的土地供应结构和模式，增加住宅房用地供应，合理安排工业用地和商业用地供应。

三是推进房地产税立法。目前房地产相关税收主要集中在建设交易环节，存在"重建设交易轻保有"特点，开征保有环节的房地产税后，合理减少交易环节税费负担，促进开发建设、交易、保有环节税负平衡，整体上税收负担基本稳定，结构上有增有减。房地产税是房地产发展长效机制的重要组成部分，通过经济法律手段，既可以增加房屋持有成本，一定程度上发挥抑制房地产投机行为的作用，促进形成稳定的社会预期，也可以为地方形成稳定的收入来源，用于满足必要的公共财政开支。

不宜采取刺激某类商品需求的方式促进消费增长

在当前国内形势较为复杂，经济下行压力凸显的背景下，采取措施，促进以居民消费为主的国内消费增长不仅是合理的，也是十分必要的。2019年1月国家发展和改革委员会同有关部委联合发布《进一步优化供给推动消费平稳增长促进形成强大国内市场的实施方案（2019年）》，旨在短期内提振消费。然而，并未如一些经济学家所预期，提出采取刺激某类商品消费需求增长的税收减免或者财政补贴措施。尽管采取这些措施，短期社会消费品零售总额增速会反弹，但不利于消费增长的可持续，不利于高质量经济发展，不利于供给侧结构性改革的有效实施，不仅浪费了政府财力，而且扭曲、固化，甚至保护了落后产品及产能。促进居民消费的有效方式是，创造有利于居民消费的环境，增加居民可支配收入，其中最有效的方式是减少居民部门税费，把居民选择消费商品的权利让渡给居民，以此提高居民福利促进社会经济的高质量发展。

（一）当前社会消费品零售总额增速有所放缓

近年来，社会消费品零售总额增长呈现逐年放缓态势，2018年增长9.0%，扣除价格因素实际增长6.9%。在限额以上单位商品零售中，2018年增速较低的主要为汽车类（-2.4%）、文化办公用品类（3%）、通信器材类（7.1%）等。由于在限额以上单位商品零售中，汽车类占比较高，2018年达到28.62%，汽车销售下降成为拉低社会消费品零售总额增长的重要因素。

从中长期看，伴随人均收入水平的提高以及人口结构变化，社会消费品零售总额增长放缓是社会经济发展过程中的正常现象。我国经济正处在由中高速增长转向高质量发展阶段，居民消费正从外延式的数量扩张转向内涵式的质量诉求，对消费产品和服务质量的要求越来越高，消费商品和服务越来越丰富。目前我国是全球最大的奢侈品市场，也是全球最活跃的奢侈品市场。而且，2018年我国人均GDP在9500美元水平，相对于其他经济体而言，社会消费品零售总额增速仍处于相对较高的水平，近期社会消费品零售总额增长呈现逐步放缓态势属于社会经济发展过程中的正常现象。当然，目前我国城乡、区域经济发展水平严重不平衡，居民收入水平差距较大，居民消费和支出呈现了不同的特征，大量中低收入居民消费潜力依然很大，在未来一段时期，我国消费增长仍然具有很大增长空间和弹性，这种增长主要来源于中低收入水平的外延式数量扩张。

从短期看，居民可支配收入增长变化、政策效应、负债短期内过快增加等影响了社会消费品零售总额增长。一是居民收入增长放缓影响了居民消费意愿。在经济增长放缓的背景下，2013年至今，我国人均居民收入增速总体上处于下行通道，在很大程度上抑制了居民消费增长，带动社会消费品零售总额增长呈现下行态势。如图5－12显示，居民人均可支配收入增速与社会消费品零售总额增速具有很大的趋同性。

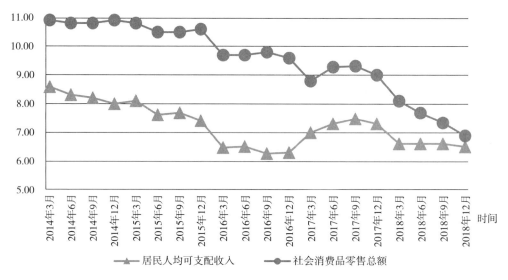

数据来源：Wind。

图5－12　居民人均可支配收入、社会消费品零售总额累计同比变化情况（季度）

二是刺激性消费政策透支了社会需求。2016年、2017年实施了乘用车车辆购置税的优惠政策，2018年优惠政策取消。车辆购置税优惠政策极大地激励了短期汽车消费需求，但这种透支需求的政策带来了2018年汽车销售的负增长，2018年汽车销售下降2.4%，增速分别较2016年、2017年下降12.5个和8个百分点；汽车销售占社会消费品零售总额之比约10.2%，占限额商品零售总额之比28.62%，汽车销售下降对社会消费品零售总额的拖累作用明显；若扣除汽车类商品，按相同口径计算，2018年社会消费品零售总额同比增长 10.3%，增速比上年仅回落 0.4 个百分点。

三是居民负债快速增长削弱了居民消费能力。伴随金融体系不断完善以及消费观念的转变，居民信用消费增长加快，例如，居民信用卡余额、汽车贷款以及住房贷款等增长较快，在一定程度上促进了居民消费增长。但伴随房地产价格快速上涨，以及房地产去库存政策带来的居民购买房产的增长，居民负债急剧增加，杠杆率的快速提高，当居民杠杆率超过一定阈值时，加之居民可支配收入持续放缓，在很大程度上严重抑制了居民消费。特别是对中低收入阶层居民而言，更是如此。

（二）刺激居民汽车需求仅有短期效应，负面影响不容忽视

短期延缓经济急剧下滑的手段就是促进投资、消费和出口的增长。在目前出口增长乏力、投资回报率较低的背景下，促进消费增长的政策措施成为题中之义。不过，如果以财政补贴、税收减免等方式推动居民增加诸如汽车、家电等某类消费品，以此拉动社会消费品零售总额增长，对经济可持续增长意义不大。这里以 2009 年以来的促进汽车消费为例，讨论这类政策的弊与利。

1. 刺激政策对汽车销售的短期影响

从我国已有经历看，刺激汽车消费增长的常用政策措施是调整购置税和给予财政补贴。2009 年 1 月发布的《汽车行业调整和振兴规划》提出以下政策措施：一是减征乘用车购置税。自 2009 年 1 月 20 日至 12 月 31 日，对 1.6 升及以下小排量乘用车减按 5% 征收车辆购置税。二是开展"汽车下乡"。在新增中央投资中安排 50 亿元资金，自 2009 年 3 月 1 日至 12 月 31 日，对农民购买 1.3 升及以下排量的微型客车，以及将三轮汽车或低速货车报废换购轻型载货车的，给予一次性财政补贴。三是加快老旧汽车报废更新。2009 年老旧汽车报废更新补贴资金总额由 2008 年的 6 亿元增加到 10 亿元。在扩大汽车消费政策的强力推动下，2009 年我国汽车生产 1379.1 万辆（中汽协统计数据口径，下同），销售 1364.48 万辆，同比分别增长 48.3% 和 46.15%，较 2008 年分别增长 43.1 个百分点和 39.45 个百分点，超越日本成为全球最大的汽车生产国，超越美国成为全球最大新车市场。2009 年 12 月 23 日财政部、国家税务总局发布《关于减征 1.6 升及以下排量乘用车车辆购置税的通知》（财税〔2009〕154 号），延续了刺激汽车消费的政策，对 2010 年 1 月 1 日至 12 月 31 日购置 1.6 升及以下排量乘用车，暂减按 7.5% 的税率征收车辆购置税。政策效应是，2010 年汽车生产和销售仍然维持了较高增长，2010 年全年生产和销售分别增长 32.44% 和 32.37%。

在刺激政策取消后的 2011 年、2012 年汽车生产和销售回落，销售增长分别为 2.45% 和 4.33%，2013 年销售有所回暖，增长 13.87%；但 2014 年和 2015 年上半年销

售又继续维持低位，分别增长 6.86% 和 1.43%。

在 2015 年 6 月、7 月、8 月三个月当月同比下降的情况下，2015 年 9 月 29 日国务院常务会议决定，从 2015 年 10 月 1 日到 2016 年 12 月 31 日，对购买 1.6 升及以下排量乘用车购置税由 10% 减半至 5%。在刺激性消费政策的推动下，汽车销售有所回暖，2015 年、2016 年汽车销售分别增长 4.68% 和 13.65%，但刺激政策效果相对于 2010 年已经明显减弱。2017 年对购置 1.6 升及以下排量的乘用车减按 7.5% 的税率征收车辆购置税后，全年销售增长 3.04%。2018 年完全取消刺激性政策后，全年销售下降 2.76%。与销售下降相对应，2018 年全年汽车生产下降 4.16%。

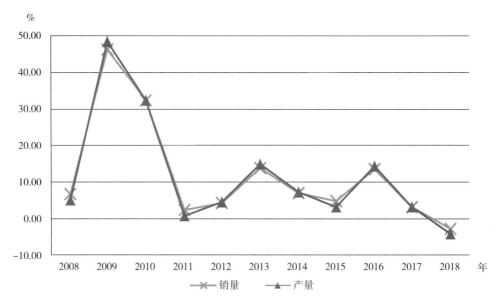

数据来源：Wind。

图 5－13　汽车生产和销售增长情况

总体来看，从 2009 年至 2018 年刺激汽车消费的经历看，汽车生产和销售的改善成为典型的政策行为，这种刺激政策仅是以减少消费者支出的方式诱导消费者提前消费，透支了未来的汽车消费需求，并未创造出消费者新的需求。当刺激政策取消后，汽车销售必然加速下滑。从 2009 年和 2015 年的刺激政策对汽车销售的影响看，这种政策刺激效果逐步递减。

2. 刺激汽车需求的负面影响

短期刺激需求的方式解决汽车销售下降的负面影响是多重的、深远的。

一是刺激性政策成为汽车行业产能过剩、救助的周期性现象之源。短期刺激汽车需求的一个重要的负面后果是，刺激政策导致汽车生产和销售的快速增长，加之由此带来的汽车行业的高利润，引致了汽车行业的重复建设、产能扩大和产能过剩。2006 年《国务院关于加快推进产能过剩行业结构调整的通知》（国发〔2006〕11 号）已经把汽车行业列为过剩产能行业，2006 年、2007 年、2008 年的汽车产量分别为 738.49 万辆、904.32 万辆、961.54 万辆。2009 年的刺激需求政策导致 2009 年生产 1382.68 万辆。显然，刺激性政策带来了产能扩大。当刺激需求政策取消后，必然面临汽车行业的产能过剩，以及汽车行业利润降低，甚至大面积亏损。汽车行业的产能过剩及亏损又可能引来政府新一轮的对汽车行业的救助与干预，形成了刺激性政策、产能扩大、政策取消、产能过剩、救助与刺激性政策的周期性循环。

此外，刺激政策产生的资源扭曲不仅限于汽车行业，也会蔓延至其他行业。例如，正是在 2016 年开始的钢铁行业去产能的时期，汽车行业的短期刺激需求政策带动了汽车生产的快速增长，也同时带动了对钢铁行业的需求，以及相应的煤炭行业的需求。对钢铁行业和煤炭行业需求的增长引起价格上涨，必然不利于去产能。显然，刺激汽车消费政策与钢铁行业的去产能政策是内在不一致的。

尽管诸如汽车、钢铁等行业产能过剩、重复建设问题频繁成为政府政策关注的焦点，但刺激、救助政策恰恰是产能过剩的最主要原因之一。一方面，在判断一个行业是否出现产能过剩方面，政府部门工作人员相对于企业自身并没有任何优势，甚至劣势明显，过去十几年的产量及销量数据频繁对政府部门所谓的汽车、钢铁等行业产能过剩的判断给予打脸。另一方面，从我国相对行业发展经历的比较看，恰恰是政府政策成为行业产能过剩、重复建设的之源，政府政策往往以产能过剩、重复建设之名，运用部门行政自由裁量权阻止新资本进入，导致低效率、低质量的企业的产能过剩，高效率的高质量的有效产能不足，相关产品利润偏高，以至于吸引资本进入，出现政府部门所谓的重复建设。在任何一个持续长期亏损的行业，或者改革开放四十年至今，还没有一个持续亏损几年的行业仍然大量出现重复建设。

二是刺激政策扭曲了汽车行业的激励约束机制。当汽车行业产能过剩、利润降低时，正是汽车行业优胜劣汰的时刻，质量高、技术性、价格低的汽车受到消费者的青睐，质量差和价格高的汽车销售差，最终破产重组退出市场。这样通过消费者投票的方式与生产者竞争推动汽车行业的产业升级和优化重组。但是，从已有经历看，在相关企业的游说下，一方面，相关政策以汽车行业产能过剩、重复建设为借口，对汽车行业的进入设置了限制，特别是对国内民营资本的限制，并对汽车进口实施了较高关税，以此保护相关汽车制造企业。另一方面，在汽车行业产能过剩的情况下，以种种理由寻求政策支持。例如，在技术研发方面寻求财政补贴，在销售下降的情况下，游说以财政补贴的方式刺激短期需求的增长。结果，这些政府以产业政策之名的管制、补贴政策、救助政策，不仅对汽车行业提高质量、核心技术自主研发、转型升级等深层次问题毫无触动，而且消除了市场机制给予汽车企业的提高质量、核心技术自主研发、转型升级等外部压力、激励，给予那些本该出清的低效企业、提供低质量汽车的企业又有了喘息的机会。根据有关研究，有关企业还出现过政府补贴超过当期利润总额（当期营业利润为负）的情况。这种缺乏激励约束、没有优胜劣汰的机制，必然意味着我国试图以国内市场换技术的汽车行业开放政策的完全失败。由此，从可持续发展看，汽车行业生产、销售不能借产业政策之名的管制、频繁的政府干预、救助，而应依靠优胜劣汰的机制，加速汽车行业技术进步、行业升级，以此提高质量、降低汽车价格，促进汽车需求的可持续增长。

三是浪费政府财力。 实际上从 2009 年至今运用多次的乘用车销售税减免政策对汽车消费需求的刺激，完全等同于汽车企业的降价促进销售。区别在于，这类汽车企业降价带来的损失完全由政府财政承担了。由于这种类似于降价的促销行为并未给汽车企业带来损失，政府刺激需求带来的激励约束机制的缺失也未能督促汽车企业降低生产成本，提高汽车质量。

尽管 2006 年至今汽车行业产能过剩、重复建设频繁提及（当时的判断完全错误），但在 2009 年至 2018 年，每次汽车行业销售增长乏力时，在汽车行业的游说，以及现有的政府治理机制下，透支汽车需求的政策继续大行其道。2009 年和 2015 年两次刺激政策中都需要财政补贴。

显然，2009 年和 2015 年两次刺激汽车需求的政策是不可持续的。在刺激性政策周期性采取之前的 2008 年，汽车产量和销量分别是 934.5 万辆和 938 万辆，到 2017 年，已经分别为 2901.5 万辆和 2887.8 万辆。显然，汽车行业以这样的速度增长是不可持续的，必然有汽车保有量饱和时间，汽车销售呈现低位增长态势。更为重要的是，政府财力也是不可持续的。2009 年以来，每当汽车销售下滑时，汽车行业的游说以及相关利益政府部门试图刺激汽车需求政策。在现有政府治理体制下，唯一的阻力可能源于财政部门，在财政收入增长缓慢的背景下，受到财政部门的反对。2019 年 1 月发布《进一步优化供给推动消费平稳增长促进形成强大国内市场的实施方案（2019 年）》并未如前几次那样明确确定财政补贴的问题，涉及财政补贴的提法是，诸如"中央财政在安排相关资金时予以适当倾斜支持"，"给予适当补贴"。部分经济学家认为主要是政府财力问题所限，但采取刺激汽车需求的政策有百害而无一利，政府财力不足仅是很小的理由。

（三）提高居民消费能力，特别是减税，是提振居民消费增长的有效方式

从短期看，当前促进居民消费增长对于缓解经济下行压力、保持可持续增长的作用和意义明显。从中长期看，在出口和投资经过多年增长后，消费是未来我国经济增长的重要引擎，是发展的巨大潜力所在。不过，依据短期刺激居民对某类商品消费是饮鸩止渴的政策，不可持续。我国经济正处于从高速增长阶段转向高质量发展阶段，促进居民消费可持续增长的最有效手段是增加居民可支配收入，提高消费能力，特别

是减少居民税费，而不是诱导居民提前消费、负债消费。

第一，减少居民缴纳的税费是提高居民可支配收入、促进居民消费可持续增长的应对之策。当前，我国居民仍处于消费升级和消费转型过程中，消费增长仍有很大的空间。着力提高居民可支配收入，提高消费能力，才能促进居民消费稳定增长。在经济放缓、居民可支配收入增速下行的情景下，减轻居民缴纳的税费是提高居民可支配收入、促进居民消费增长的应对之策。此外，从消费增长潜力看，推动中等收入水平消费者向高消费者转化，中下收入水平的消费者向中等收入水平的消费者转化，因此，应尽快完善有利于提高居民消费能力的收入分配制度。

第二，财政收入及支出的政策有分配效应，在财政支出一定的情况下，应直接补贴消费者而不是生产者。把选择的权利让渡给消费者，有利于提高消费者的福利，有利于消除产能过剩，提高商品质量。

第三，合理界定政府在商品生产者与消费者中的中立者地位，维护生产者和消费者的合法权益，以此促进消费可持续增长。一方面，适应居民消费升级和消费转型，强化产品和服务标准体系建设，加大市场监管和执法力度，健全消费者维权机制，维护消费者权益。另一方面，减少政府管制及干预，充分发挥市场在资源配置中的基础性作用，以此促进商品和服务供给质量的提高。

去产能政策效果评估

着力化解过剩产能是近年来我国宏观政策的重点之一。2016 年以来，随着去产能政策持续发力，2016 年至 2018 年，煤炭、钢铁各年度去产能任务均提前完成，并取得了一定成果。但是，当前去产能政策仍存在一些问题：从目标上，中央与地方在去产能目标上存在冲突、国企与民企存在不对称；从手段上，当前政策仍存在较多行政干预措施，缺乏创新性思路；从效果上，去产能也造成价格结构、行业利润以及收入分配格局的分化。因此，在未来去产能进程中，要坚持市场化手段去产能，减少政府不当干预经济；推进要素价格市场化改革，完善资源税和环境污染税制度建设，防止企业过度投资；完善金融市场结构，增加直接融资比重。

（一）近年来去产能政策

2008 年国际金融危机以来，随着国内外需求回落，诸多行业出现了或多或少的产能过剩，按照国家统计局公布的数据，2013—2018 年，我国工业产能利用率也在 72% ~ 76%，工业企业存在较为明显的产能过剩。针对产能过剩问题，2015 年末，中央经济工作会议把去产能放入 2016 年"三去一降一补"任务首位。2016 年 2 月，国务院发布《关于钢铁行业化解过剩产能实现脱困发展的意见》和《关于煤炭行业化解过剩产能实现脱困发展的意见》，确定了钢铁和煤炭行业去产能的定量性目标。

在"去产能"的同时，国家对煤炭、钢铁等行业还采取"去产量"措施，实行减量化生产。煤炭行业方面，从 2016 年开始，全国所有煤矿按照 276 个工作日确定生产能力。钢铁行业方面，2017 年以来，原环保部等对京津冀及周边地区"2 + 26"个城市开展大气污染防治强化督察，加大钢铁企业限产力度。与此同时，中央和地方还采取环保限产和环保督察措施，利用环保、能耗指标，处置或关停不达标企业和产能。2016 年、2017 年，中央政府层面共启动四次环保督察，2018 年，中央环保督察组又分两批共对 20 个省份实施督察"回头看"。

此外，相关部门还出台了一系列配套政策。在人员安置方面，2016 年中央财政设立工业企业结构调整专项奖补资金，规模为 1000 亿元，主要用于职工分流安置工作。在债务处置方面，依据"僵尸企业"和去产能企业的营业价值、债务清偿能力、资产负债状况等因素，分别采取破产清算、破产重整、债务重组、兼并重组等方式分类处置其直接债务。在税收减免方面，2018 年，财政部和国家税务总局发布文件，对按照去产能和调结构政策要求停产停业、关闭的企业，自停产停业次月起，免征房产税、城镇土地使用税。在金融支持方面，2016 年人民银行等部门发布文件，落实差别化工业信贷政策，对产能严重过剩行业未取得合法手续的新增产能建设项目，一律不得给予授信；对长期亏损、失去清偿能力和市场竞争力的"僵尸企业"，或环保、安全生产不达标且整改无望的企业及落后产能，坚决压缩退出相关贷款。

（二）去产能政策的影响

1. 煤炭、钢铁行业产能利用率提高

从国家统计局公布的数据看，煤炭开采和洗选业的产能利用率从 2016 年末的 59.5% 上升至 2018 年末的 70.6%，黑色金属冶炼和压延加工业的产能利用率从 71.7% 上升至 78%，虽然仍低于 80% 的合意区间，但已有改善。同时，新增产能也得到严格控制，2016 年和 2017 年，原煤开采、焦炭、铁矿开采、生铁等的新增产能大幅减少，分别为 2008 年以来最高值的 31.2% 和 48.1%，19.9% 和 24.0%，31.8% 和 32.2%，以及 3.9% 和 3.9%。

2. 产品价格快速上涨，行业经济效益明显改善

从煤炭期货价格变化情况看，煤价在 2016 年大幅上涨，2017 年、2018 年，煤价维持在高位有所波动。从中钢协公布的钢材综合价格指数看，钢铁价格在 2016 年、2017 年持续上涨，2018 年第 4 季度以来虽有所回落，但仍处于近年来高位。受价格上涨的影响，行业盈利空间改善。从国家统计局公布的规模以上工业企业经济效益指标看，2016 年以来，煤炭开采和洗选业、黑色金属冶炼和压延加工业利润总额同比由负转正，分别增长 223.6% 和 232.3%，2017 年、2018 年 1—11 月分别增长 290.5% 和 177.8%，以及 9.2% 和 50.2%。由于煤炭、钢铁行业中国有企业占比较高，在盈利改善条件下，国有企业资产增速持续高于负债增速，资产负债率有所下降，在去产能的同时呈现出

明显的去杠杆特征。2018 年 11 月末，国有控股企业资产负债率为 59.1%，比 2015 年末下降 2.3 个百分点。

（三）去产能政策中存在的主要问题

1. 从本质上，仍未有效发挥市场配置资源的决定性作用

长期以来，我国产能过剩问题循环往复地出现，其根本原因在于市场在配置资源中的决定性作用未得到充分发挥，政府仍然是配置资源的重要力量。为了短期内快速去产能，本轮去产能仍然强调自上而下的行政干预，由政府主导压减产能，手段仍以控制产量、给予补贴、环保督察等行政方式为主。从短期看，煤炭、钢铁等行业的确实现去产能目标顺利推进、产能利用率上升、新增产能严格控制等良好迹象。但事实上，产能过剩形成的根本原因仍未得到解决，行业产能仅仅是受到暂时的压制。随着价格的恢复、行政手段边际放松，原先受到管控的产能仍然会得以恢复，企业仍没有激励提高生产率和技术水平，低效企业仍大行其道，产业结构升级依旧进展缓慢。由政府主导的行政手段去产能，会进一步加大行业的垄断势力，提高行业进入壁垒，进一步扭曲产业竞争格局，从长期看，这种去产能方式反而为下一轮产能过剩埋下隐患。

2. 从目标上，中央与地方、国企与民企存在差异

中央与地方政府在去产能目标上存在冲突。从中央政府层面，2009 年以来，国务院多次发文，从严格的市场准入到更为严格的核准审批制度，从严控新项目到严禁建设新增产能，措施越来越严格。然而，从地方政府层面，去产能无疑会带来税收减少、就业压力加大等问题，地方政府去产能的动力不足。为保证去产能措施在地方层面得到有效推进，本轮去产能政策启动了四次环保督察和两次督察"回头看"，然而，2018 年下半年以来，随着去产能措施取得一定成效、经济下行压力增大，部分地区限产措施再次出现明显放松。

国有与民营企业在去产能任务目标上存在不对称。2008 年全球金融危机后，中央及地方政府采取大规模经济刺激措施，国企作为重要的投资主体，以较低的融资成本快速扩张产能，成为过剩产能的主要来源，因而国有企业应当成为去产能工作的重点对象。但是，部分地方政府为了维护本地经济利益和任期政绩，针对产能过剩行业中的国有企业和民营企业，可能出现偏向性的处理倾向。从 2015 年全国去粗钢产能的绝对规模与相对规模看，无论是绝对规模还是相对规模，国有企业的去产能压力都小于民营企业，国企与民企的去产能任务目标不对称。

表 5-2　　　　　　　　2015 年不同所有制企业去粗钢产能规模测算

	2015 年产量（亿吨）	2015 年产能（亿吨）	去产能绝对规模（万吨）	去产能相对规模
全国企业	8.04	12	8689	7.24%
国有企业	4.47	6.67	3016	4.52%
民营企业	3.57	5.33	5673	10.64%
国企占比	55.6%	55.6%	34.7%	—
民企占比	44.4%	44.4%	65.3%	—

数据来源：搜狐财经，各产能过剩行业国企民企格局全梳理，http：//www.sohu.com/a/113252729_409889；李莎，供给侧结构性改革系列报告之十一：去哪些产能（二），广发证券研究报告。

3. 从效果上，造成价格、利润、收入分配结构分化

去产能使上中下游价格结构分化、PPI 与 CPI 背离。从细分行业看，30 个工业细分行业的 PPI 并不是普遍扩张，而是出现了明显的分化。从 PPI 与 CPI 的走势看，2016 年 10 月以来，CPI 持续低位平稳运行，而 PPI 则大幅上涨，并且涨幅超过 CPI 涨幅，形成新的"剪刀差"。价格分化在一定程度上扭曲了价格信号的传递作用，也为我国宏观调控政策制定带来了困扰。

去产能及价格分化影响不同行业利润分化。去产能对产量、市场集中度造成的冲击，主要发生在上游行业，上游产品价格回升使得行业盈利空间改善。但对中下游行业而言，上游价格的上升提高了生产成本，压缩了利润空间。

去产能使得国有与民营企业的收入分配格局发生变化，并影响企业去杠杆进程分化。上游行业中国有企业占比较高，去产能使得国有企业经济效益大幅改善；而中下游行业民营企业占比较高，在去产能进程中获益较少。同时，利润增加影响国有企业资产增速持续高于负债增速，资产负债率下降。2018 年 11 月末，国有控股企业资产负债率为 59.1%，比 2015 年末降低 2.3 个百分点，去杠杆态势明显。而对于民营企业而言，中上游产品价格的上涨抬升了民企成本，同时，民营企业仍面临融资难融资贵的问题，为融资还债，民企或者被动压缩资产，或者主动增加负债，这都导致其杠杆率的上升。2018 年 11 月末，民营企业资产负债率为 56.1%，比 2015 年末上升 4.9 个百分点。

（四）关于去产能政策的一些看法

1. 坚持市场化手段去产能，减少政府不当干预经济

从产能过剩产生的原因看，当前政府在微观经济运行中仍然发挥着较大的作用，

仍可能以"扶持之手"和"掠夺之手"影响公司决策和经营活动，从而造成供求失衡、产能过剩。因此，化解产能过剩，根本思路在于避免政府不当干预经济。除了尽可能减少对市场活动的直接干预外，在制定产业政策上，应充分尊重市场规律，出台指导性、动态的而非强制性、静态的规划。在政绩考核上，应改变以 GDP 为主的政府绩效考核体系，适度降低 GDP 指标的考核比重，遏制政府投资冲动。在过剩产能退出上，应减少对行政手段的依赖。归根结底，只有以市场化方式应对产能过剩，才能通过倒逼机制，促使企业加快推进兼并重组，淘汰落后产能。政府部门应做好规则和标准的制定，加强对环保、能耗等的监管执法，用法治化手段引导市场行为。

2. 推进要素价格市场化改革，完善资源税和环境污染税制度建设，防止企业过度投资

从企业角度看，产能过剩产生的一个重要原因是生产要素价格不能真正反映市场供求，低廉的要素成本诱使企业扩大投资规模，并潮涌进入政府重点扶持的某些产业。同时，在缺乏环保、能耗等标准约束下，本应由企业内部承担的生产成本外部化，企业投资规模和产能设计偏离最优水平。因此，要进一步完善主要由市场决定生产要素价格的机制，真实反映市场供求，防止资源被过度地配置到产能过剩行业。同时，扩大资源税的征收范围和力度，使资源税额与资源的市场价格挂钩；加大环境污染税费的征收力度，提高企业污染行为的成本。